SOBREVIVER AO TRABALHO

SOBREVIVER AO TRABALHO

HERMANO ROBERTO THIRY-CHERQUES

ISBN 85-225-0460-1

Copyright © Hermano Roberto Thiry-Cherques

Direitos desta edição reservados à
EDITORA FGV
Praia de Botafogo, 190 — 14º andar
22250-900 — Rio de Janeiro, RJ — Brasil
Tels.: 0800-21-7777 — 0-XX-21-2559-5543
Fax: 0-XX-21-2559-5532
e-mail: editora@fgv.br
web site: www.editora.fgv.br

Impresso no Brasil / Printed in Brazil

Todos os direitos reservados. A reprodução não autorizada desta publicação, no todo ou em parte, constitui violação do copyright (Lei nº 5.988).

Os conceitos emitidos neste livro são de inteira responsabilidade do autor.

1ª edição — 2004

Revisão de originais: Maria Lucia Leão Velloso de Magalhães

Revisão: Fatima Caroni e Marco Antônio Corrêa

Capa: Darlan C. Carmo

Ficha catalográfica elaborada pela Biblioteca
Mario Henrique Simonsen/FGV

Thiry-Cherques, Hermano R.
  Sobreviver ao trabalho / Hermano Roberto Thiry-Cherques. — Rio de Janeiro : Editora FGV, 2004.
  184p.

  Inclui bibliografia e índice.

  1. Sociologia organizacional. 2. Ética e trabalho. I. Fundação Getulio Vargas. II. Título

CDD — 301.1832

para Regina

A publicação deste livro deve-se ao apoio de muitas pessoas e instituições. Seria impossível mencionar todas. Ao professor Rogério Valle, da Coordenação dos Cursos de Pós-Graduação em Engenharia da Universidade Federal do Rio de Janeiro, devo o primeiro estímulo para que me dedicasse ao estudo do trabalho. Ao professor Fernando Tenório, da Escola Brasileira de Administração Pública e de Empresas da Fundação Getulio Vargas, o desafio de tentar analisar o tema segundo a ótica do trabalhador. Ao professor Saul Sosnowiski, da Universidade de Maryland, College Park, a acolhida nos Estados Unidos e o acesso a dados e informações só encontráveis nas bibliotecas universitárias norte-americanas. À professora Armelle Le Bars, da Universidade de Paris, Nouvelle Sorbonne, a possibilidade de pesquisar e o prazer de viver na França.

Devo principalmente ao professor Enrique Saravia e ao pesquisador Roberto da Costa Pimenta, ambos da Ebape, da FGV, o encargo inestimável da leitura e comentário dos originais e, certamente mais pela amizade do que por qualquer outra razão, o encorajamento e incentivo para que perseverasse na tarefa.

Sumário

Prólogo · 11

1 Sobrevivência · 13
Sobrevivência · 14
O imperativo · 15
O tabu do trabalho · 17
Sobrevivência social · 18
As estratégias · 19

2 O golem laborioso · 21
A moral relativizada · 22
O gueto · 25
O alienado · 28
O robô · 29
O utensílio · 31
A ferramenta · 33
O aristocrata · 35
O iludido · 37
O solitário · 39
A sociedade dos *laborers* · 41

3 Kafka assalariado · 45
Estranhamento · 47
Cisão · 49
A máquina inapetente · 51
Ponto de fuga · 55
Indiferença · 56
Doublethinking · 58

4 Weber profissional   61
   A ponte   63
   No arame   74
   O portal   79

5 Maquiavel funcionário   87
   Conquista   88
   Conservação   89
   Métis, a razão maquiavélica   95
   O acaso e a fortuna   104
   Roda da fortuna, o cálculo do futuro   113
   Subsistência   122

6 Borges inspetor   125
   Os limites da tolerância   127
   O insulamento do trabalho   144
   Projeção   158

Perspectivas   161

Referências bibliográficas   165

Índice remissivo   177

Prólogo

Este livro relata uma tentativa de aproximação à luta do trabalhador para sobreviver no mundo das organizações. Nele procurei descrever as estratégias utilizadas para conciliar a subsistência material com a sobrevivência espiritual, para manter a racionalidade no mundo do trabalho. Um mundo que muitas vezes se nos afigura hostil, incoerente, contraditório. Um mundo do qual ainda não podemos escapar.

O que vai aqui descrito deriva de dados e informações obtidos em pesquisas empíricas. Como sabem todos os que um dia se incumbiram dessa tarefa, as investigações científicas no campo das relações sociais são insuficientes para exprimir o que se vê e se sente na lida diária com pessoas e instituições. A certificação rigorosa dos fatos, a anulação metódica das emoções enevoam, mais do que esclarecem. Os dados mais escondem do que desvendam as vivências. Por isso, a direção que adotei neste livro tem o propósito de unir o registrado com o vivido. Procurei ir além do dado e descrever o sentimento e o agir das pessoas que lutam para sobreviver nas organizações.

Diferentes observadores em diversas ocasiões e contextos vivenciaram ou descreveram as estratégias de sobrevivência. Serviram-me de guia o relato ou a lenda da vida do golem na referência aos que se anulam ante o sistema organizacional. Utilizei o universo kafkiano para entender os que separam o trabalho da vida do espírito. O maquiavelismo serviu-me para referenciar os que tentam sobreviver nas organizações pela via do poder, da sujeição dos outros. O profissionalismo weberiano, para entender os que distanciam o trabalho das organizações que o consomem. A visão borgiana, para compreender os que encontram na individualidade não-presencial a forma de conciliar a necessidade de trabalhar com a razão de ser das organizações.

A escolha desses autores e personagens não foi fortuita. Ao longo do processo de investigar, interpretar e publicar, dei-me conta de que outros — muito mais capacitados que eu — haviam vivenciado, aprendido e descrito as razões que instrumem as estratégias que nós, trabalhadores, conscientemente ou não, utilizamos para salvar a razão enquanto tentamos fazer sobreviver o corpo. Foi o seu olhar iluminado que tomei de empréstimo para esclarecer o que vi e documentei sobre a subsistência no mundo do trabalho. São de sua autoria os entendimentos que aqui vão transcritos. O que dessas explicações ficou obscuro, falso, torto e malparado corre à conta da minha inépcia.

1

Sobrevivência

O trabalho assalariado tal como o conhecemos está desaparecendo. A mutação nas formas de organizar e nas tecnologias tornou o empregado um fator menor de produção. A sobrevivência do assalariado está ameaçada por um adversário impiedoso: a sua dispensabilidade. Em muitos casos o montante de energia e inteligência gasto para obter e manter uma ocupação já se iguala ao do esforço despendido para produzir. Na atualidade, o sonho do progresso indefinido e do seu correlato, o trabalho perene, não é mais possível. Lutamos para permanecer no trabalho e para resistir ao trabalho.

As pesquisas[1] que deram origem às idéias aqui discutidas tinham como propósito lançar mais alguma luz sobre a compreensão das transformações por que passa o trabalho. Com o tempo, o contraste entre o que está descrito na literatura técnico-científica e as preocupações vividas no mundo das organizações levou a uma mudança de foco. Quando relacionei o trabalho com a produção, o emprego, o convívio, a ordenação e os demais campos que compõem o mundo das organizações, o tema da sobrevivência começou a aparecer com obstinação. No contato diário com executivos, técnicos, operários, ficou claro que a economia e as formas de organizar estão vitimando não só o trabalhador, mas o trabalho enquanto atividade socialmente estabelecida.

Essa constatação conduziu, progressivamente, a uma mudança no procedimento investigativo — da análise hipotético-dedutiva convencional para a investigação fenomenológica — e a uma inversão do objeto das pesquisas. Quis entender como o trabalhador de todos os níveis, formações e setores elabora e põe em prática estratégias que lhe permitem sobreviver espiritualmente, que lhe permitem não só viver do trabalho, mas conviver com o trabalho.

---

[1] A mais extensa dessas pesquisas visou identificar "modelos de sobrevivência" em indústrias. Esteve voltada para a sobrevivência moral em ambiente industrial. Ver Thiry-Cherques, 2000. Outras pesquisas, como a que relacionou o nível tecnológico com a produtividade, tiveram como objeto a sobrevivência material. Ver Thiry-Cherques e Figueiredo, 1994.

A bacharelice é um desses hábitos que mais embotam o entendimento do que desacreditam a academia. No início das pesquisas, os condicionamentos culturais e a pseudo-objetividade metodológica me levaram a relegar a sobrevivência à imposição necessária à subsistência material. Depois ficou evidente não ser esse o sentido profundo que a sobrevivência tem no contexto investigado. Ou não ser esse o significado prioritário que emana dos dados e figura nos discursos dos trabalhadores. O sinal da equação é outro. Para além do óbvio imperativo da subsistência, do trabalho como meio de sobreviver, há o problema esmagador de tentar sobreviver ao trabalho.

No início do século XXI, a atividade produtiva tornou-se tão especializada e absorvente que inviabiliza muitas das possibilidades de uma vida autônoma. Uma vida em que as preocupações e os objetivos diários não sejam os da organização, em que os amigos não sejam somente os colegas do escritório ou da fábrica, em que o espírito não esteja tomado pela reflexão sobre o agir e sobre o futuro da sobrevivência material. Sendo a vida sem o trabalho impensável para a maioria das pessoas e tendo o trabalho se tornado um artificialismo, uma anulação da vida espiritual e emocional, o verdadeiro problema de quem trabalha é como manter a humanidade num mundo hostil e refratário ao que há de exclusivo no ser humano: a razão, a consciência que dá sentido e alegria ao viver.

Sobrevivência

O termo "sobrevivência" é adventício no jargão técnico das ciências humanas e sociais. No cotidiano da pesquisa de campo, das observações e dos experimentos sobre racionalidade e valores humanos, pude identificar um triplo significado da palavra. Sobrevivência ora tem a acepção etimológica de continuar vivendo depois de determinado evento, ora tem o sentido coloquial de viver "apesar de". Outras vezes, e esse é o sentido mais freqüente, significa ambas as noções simultaneamente: seguir vivendo após o que seria de esperar, consideradas as adversidades e os agravos do acaso.

O primeiro sentido — viver "depois de" — refere-se tanto ao anacronismo da forma de trabalhar quanto ao inesperado de se conseguir continuar cumprindo as tarefas impostas pelas transformações econômicas e pelo progresso tecnológico. Do mesmo modo que nos surpreendemos com a persistência de uma idéia ou com o fato de alguém ter sobrevivido a um acidente, que estranhamos que as feiras livres e as universidades tenham sobrevivido às circunstâncias que as viram nascer, também é surpreendente que as pessoas consigam manter o espírito são e conservem o juízo ante as formas de trabalho que aí estão.

A segunda acepção do termo sobrevivência — viver "apesar de" — está mais ligada à adaptação do que à obstinação. São exemplos dessa sobrevivência as formas de trabalho que não se transformaram ao longo do tempo, como o trabalho de ofício, ou ainda virtudes, como a fidelidade institucional, que têm sobrevivido às revoluções tecnológicas e às mudanças nos processos produtivos, apesar de serem formas, modelos e condutas demasiadamente custosos quando examinados pela ótica do sistema. Também chama a atenção tanto o fato de que alguém, para sobreviver, aceite fazer determinado tipo de trabalho, quanto as causas que levam uma pessoa a se sujeitar a executar tarefas repetitivas, perigosas ou sem sentido.

O imperativo

A investigação no campo da sobrevivência apresenta algumas barreiras e tabus que dificultam o entendimento do que realmente se passa com os trabalhadores e com as organizações.

Uma delas é o caráter necessário atribuído ao trabalho. Sempre que a questão da mutação ou do desaparecimento do trabalho vem à discussão, afloram argumentos sobre a "necessidade" de se manter o *status quo*. Jamais o desaparecimento do trabalho é visto como uma contingência. Quando a sobrevivência das formulações sociais a que estamos habituados está em jogo, impera a regra de Santo Agostinho,[2] que dizia que a necessidade não tem lei. A idéia de que talvez seja natural o fim de qualquer tipo de trabalho ou emprego tende a encontrar forte resistência. Também são tabus propostas de alterações nas estruturas das atividades produtivas, de desmembramento de postos de trabalho, ou de apropriação de novas técnicas, embora — ou talvez porque — esses fenômenos ocorram cada vez com maior freqüência.

Paradoxalmente, essa resistência coabita com o discurso do liberalismo econômico, cujas palavras de ordem — competitividade, qualidade, satisfação do consumidor — necessariamente exigem mudanças estruturais nas organizações e trazem implícita a aniquilação dos elementos ineficientes, sejam eles externos (as outras organizações), ou internos (o trabalho ineficaz). Apesar da anuência freqüente quanto à linha contemporânea da administração heróica, onde os fracos não sobrevivem, a perpe-

---

[2] Agustin, 1950. Santo Agostinho não tinha a virtude da paciência. Quando lhe perguntaram o que Deus estava fazendo antes da Criação, ele teria respondido que Ele estava criando o inferno para pessoas que fazem perguntas como essa. Ver Paulos, 2000. Também dado como de *Publius Syrus* (*Sententiae*), ver Tilgher, 1931.

tuação dos postos de trabalho é colocada como um imperativo. Trata-se de um paradoxo: espera-se que o emprego viva além do que seria de esperar.

Na origem desse paradoxo encontra-se um segundo grupo de dificuldades. Além do discurso que não corresponde à prática, do evidente receio dos riscos do jogo econômico — competir só é interessante para quem ganha — e da insegurança — as forças que agem sobre os mercados e os postos de trabalho são inacessíveis, se não incompreensíveis, para a maioria dos trabalhadores —, há a dificuldade de se precisar o *que*, ou *quem* deve sobreviver. A sobrevivência seria a sobrevivência dos mais aptos ou dos mais bem adaptados? Observe-se que são conceitos diferentes. "Apto" a sobreviver, nesse caso, significa reunir condições estratégicas e operacionais suficientes para resistir em um ambiente adverso ou altamente competitivo. "Adaptado" tenderia a significar que o trabalhador encontrou um nicho que o protege das pressões puramente econômicas.

Do lado do discurso, das opiniões em voga, do que, com propriedade, já foi chamado de "metafísica influente",[3] temos uma das idéias centrais de Malthus.[4] Como nem todos podem sobreviver num mundo competitivo, uma "lei natural", imposta pela saturação de populações e pela escassez de recursos — expressa, no mundo biológico, pela doença e morte prematura e, no mundo social, pela miséria e pelo vício —, suprimiria os trabalhadores menos aptos. Do lado da sensibilidade, temos a preservação, quase a qualquer custo, da organização em que trabalhamos, do meio a que pertencemos, do emprego que nos sustenta. A contradição reside no fato de sabermos ser inevitável o desaparecimento natural das formações sociais e das rotinas de trabalho, mas esperarmos que esse desaparecimento não ocorra. Vivenciamos uma contradição entre o que cremos ser natural e o que desejamos.

A dificuldade de considerar a supressão do tipo de trabalho que exercemos é também lógica. Talvez seja uma sábia ingenuidade, que recusa a vida como ela verdadeiramente se apresenta, despida de toda fantasia, e encontra conforto na ignorância. Ou talvez essa resistência exista porque nos seja difícil pertencer a um mundo, a uma estrutura social que muda, que evolui, que se acomoda, que deixa de ser.

Tanto na vida prática quanto na filosofia, o tema da morte — não o tema de outro tipo de vida (a vida após a morte), mas o da morte em si mesma — é um dos mais difíceis de se lidar. A morte — seja a nossa morte pessoal, seja a morte das organizações a que pertencemos, seja a morte do tipo de trabalho que temos — não é algo em si, mas uma negação. É a não-vida, a não-existência. Não podemos discuti-la sem um grande esforço de racionalização, como não podemos nos referir a uma não-

---

[3] Ou seja, a visão do mundo dominante. A expressão foi cunhada por Humberto Eco (1995).
[4] Ver Malthus, 1965.

árvore, a um não-povo, a uma não-organização. No máximo tratamos (a mente e a história tratam) de quando estavam vivos a árvore, o povo, a organização.[5]

Deixando de lado as sutilezas lógicas, a questão que persiste é: por que, apesar de todo o discurso racionalista, nos comportamos no íntimo como se o trabalho fosse eterno? As explicações são muitas. Há, por exemplo, a da psicanálise, ou de uma das correntes da psicanálise, que trata o tema da aversão à idéia de aniquilação e de tudo que a envolve como um fenômeno de omissão. Diz que o homem primitivo, não podendo negar racionalmente o fato da morte, inclusive da própria morte, mas também não podendo aceitá-la inteiramente, porque a morte dos seres amados é dolorosa etc., procura negá-la psiquicamente.[6] O processo civilizatório nega a morte inventando a continuidade da vida e, devido à culpa, deixa de mencioná-la, omite-a do discurso cotidiano.

O tabu do trabalho

Sendo razoável supor a propriedade dessas explicações, ou de outras equivalentes, segue-se a questão de saber o que levaria à transferência do tabu da aniquilação para o trabalho.

As possibilidades são várias. Primeiro, há a idéia de pertencimento, a segurança de se sentir parte das formações sociais. De algum modo sempre nos identificamos com as comunidades a que pertencemos, com as organizações a que servimos, com os ambientes que freqüentamos. De forma que o desaparecimento do trabalho rompe um laço vital na nossa existência. Segundo, a racionalidade administrativa (a engenharia de processos etc.) não é exatamente o que liga o homem à organização e, sim, a entidade abstrata, o compósito comunidade-produtos-marca, o ente de que somos, ou nos consideramos, parte. A supressão do trabalho nos priva da fisionomia, da máscara

---

[5] Sobre as dificuldades de se enfrentar o desaparecimento de organizações nos EUA, ver Sutton, 1983.

[6] Contra a evidência dos corpos mortos, imagina fantasmas, demônios. Chega ao extremo de imaginar uma entidade supracorpórea — a alma — e a separar a individualidade em alma e corpo. As idéias de vida após a morte, seja a da transmigração ou a da reencarnação, ou ainda a da eternidade da alma, tiram da morte o significado de término da vida e se transformam em uma convenção da civilização. O homem se convence da sua imortalidade. Mas não é só isso. Para além da ambigüidade de sentimentos entre a morte do inimigo e a do ser amado, Freud chama a atenção para uma ambivalência de sentimentos do homem primitivo, mas subjacente no homem civilizado, em relação à morte. Cada ser amado faz parte de nós, do nosso ego. Quando morre, mata em nós essa parte. Mas cada pessoa, mesmo amada, é outro ser, com alguma coisa estranha e hostil. Nasce dessa ambivalência ante a morte do ser amado, que, simultaneamente, somos nós e é um estranho, um sentimento de culpa que torna impronunciável, ou pelo menos de mau gosto, a idéia de morte (Freud, 1968).

com que nos apresentamos ao mundo. Terceiro, conforme demonstrado por pesquisas sobre respostas individuais a situações críticas vividas pelas organizações (as *disaster researches*),[7] o próprio sentido da ameaça à organização — o ente coletivo que abriga o nosso trabalho — determina perturbações na capacidade cognitiva. Leva a exageros nas suposições ou nas expectativas, em detrimento das evidências. As situações de crises sucessivas enfrentadas pelas organizações modernas engendraram um tipo de resposta-padrão psíquica na qual a conservação do *status quo* tem papel dominante e na qual a sobrevivência da organização (e do emprego) adquiriu um valor de vida e morte.

Sobrevivência social

Outra razão para a dificuldade de se aceitar a idéia do desaparecimento do emprego, dos postos de trabalho e dos segmentos produtivos ineficazes está na própria resistência à noção de que somos incapazes de controlar as forças que agem sobre os entes sociais. A analogia com as forças naturais — a seleção biológica — integra o discurso moderno, mas, até por ignorância, não faz parte das convicções sobre as leis de sobrevivência na vida social. A idéia do acaso — da incapacidade ou da impossibilidade de controlar as forças que agem sobre o trabalho — implica aceitar, como os paleontólogos não cessam de demonstrar para o mundo biológico, que a sobrevivência é mais acidental do que supomos (do que supunha o darwinismo clássico). Sabemos hoje que as forças da natureza funcionam muito mais como uma loteria do que como uma lenta depuração dos mais aptos e dos mais bem adaptados. De tal forma que a própria sobrevivência da linhagem ancestral da espécie humana (*chordata*) é aceita hoje como obra do acaso.[8]

Deve-se essa aleatoriedade ao processo de surgimento dos fatores diferenciais da sobrevivência. Mas por que surge um determinado fator, que mais tarde irá garantir a existência de uma linhagem enquanto outras perecem? Na natureza, na evolução biológica, a questão apresenta dificuldades quase intransponíveis. Isso porque, sendo os elementos constituintes dos seres vivos obra do acaso, podem ou não ser úteis à sobrevivência. Uma asa, por exemplo, não surge como asa pronta para o vôo, mas como uma excrescência, uma proto-asa sem utilidade. O acaso fará que mutações sucessivas, ao longo de milênios, cubram de penas essa proto-asa, a tornem articulada de

---

[7] Para uma síntese dessas pesquisas a partir de 1943, ver Staw, Sandelands e Dutton, 1981.

[8] Para uma discussão ao alcance do leigo sobre a atualidade da teoria da evolução das espécies, ver Gould, 1992.

determinada maneira até que, por circunstâncias randômicas — uma alteração no ambiente ou o aparecimento de um predador, por exemplo —, tornem o vôo, ainda que planado, a condição de sobrevivência da espécie.

Seria o acaso também o determinante da sobrevivência das organizações e dos tipos de trabalho? As técnicas atuais de administração afirmam que não, que podemos saber que fatores determinarão a sobrevivência e moldá-los. Que podemos não só saber antecipadamente que o vôo será necessário, como também criar as asas antes que voar seja imperativo para sobreviver. No entanto, a razão, a experiência da vida intra-organizacional, não nos permite ignorar que inúmeras tentativas de preparar as organizações e as pessoas para o futuro se mostraram inúteis quando as circunstâncias socioeconômicas não seguiram os padrões esperados, como nas sucessivas crises por que passa o capitalismo.

Além disso, quando se examinam grandes "populações" de organizações e de empregos de mesmo tipo (por exemplo, empresas familiares de porte médio), ou formas organizacionais (estruturas do tipo funcional), há evidências de desaparecimentos súbitos, de mortalidade em grande escala num dado período. Analogamente à seleção natural, os fatores aleatórios ou quase aleatórios também não são raros na vida das organizações. Entre eles estão os efeitos de acontecimentos que vão das megacrises mundiais do petróleo, passam por planos governamentais da mais improvável extração, por alterações ambientais e pelos efeitos do terrorismo e chegam às inovações tecnológicas de alcance imprevisível. Quantos postos de trabalho ligados a sistemas convencionais de comunicação deixaram de existir em conseqüência da introdução do fax, por exemplo? Quantos outros foram criados? Quantos estão sendo destruídos com a sua obsolescência?

Seja válida ou não a analogia, ninguém que disponha de um mínimo de informação pode negar que, no mais das vezes, os tipos de trabalho são compelidos a se transformar ou condenados ao desaparecimento de modo totalmente inesperado. No entanto, agimos como se não fosse assim. Quando as organizações, os processos administrativos desmoronam, a atitude em geral é de pasmo e rejeição. Quando o trabalho ameaça nos deixar ou quando ele se torna insuportável, buscamos estratégias, algumas desesperadas, para fazê-lo subsistir.

As estratégias

Os dados de que disponho indicam que, embora os meios que os trabalhadores utilizam para manter o autocontrole no mundo das organizações variem em muitos sentidos, há determinações precisas de conjuntos de indivíduos com condutas semelhantes. São modelos, estratégias ou formas de sobreviver.[9]

Os modelos de sobrevivência descrevem um arco de possibilidades bem diversificadas. Procurei apresentá-los na ordem da maior para a menor sujeição do espírito. Referi o primeiro caso ao *golem*, ao trabalhador que não sobrevive fora do trabalho, que é como um autômato que tem sua vida completamente alienada ao trabalho. Referi o segundo caso ou modelo de sobrevivência ao *trabalhador kafkiano*, o trabalhador que não tem consciência do que lhe acontece e que, para manter a sanidade, seciona radicalmente a vida privada da vida no trabalho. O terceiro modelo é o do *profissional*, que utiliza como estratégia o distanciamento entre o trabalho que realiza e a organização que o remunera. Logra com isso, pelo efeito do distanciamento, preservar o espírito das pressões do coletivo organizacional. O quarto modelo corresponde ao *estilo maquiavélico*. São os trabalhadores que utilizam as estratégias de poder — as formas de dominação política — para, sujeitando as organizações e as pessoas nas organizações, conciliar o seu mundo privado com a necessidade de sobrevivência material. O quinto e último é o modelo que tem como estratégia básica a *ausência física do trabalhador*. É a forma do trabalho solitário, para o qual tomei como ícone o escritor Jorge Luis Borges. É o modelo dos que vão para além do profissionalismo. A estratégia na qual a relação entre o trabalhador e a organização é marcada não só pela distância como, principalmente, pela indiferença.[10]

---

[9] Utilizo o termo "conjunto" no sentido que lhe dá a lógica — Boole, Cantor etc. —, isto é, de elementos que satisfazem a uma determinada propriedade. Utilizo o termo "classe" também no sentido lógico de coleção de conjuntos que possuem pelo menos uma característica em comum. A utilização do termo "grupo" seria indevida, porque os grupos são coleções de elementos inter-relacionados com uma identidade comum, e as pessoas as quais aqui me refiro não formam grupos, já que, embora possuam identidade, não mantêm uma dinâmica relacional interna.

[10] Versões iniciais dos relatos aqui contidos apareceram em *Organização e Sociedade*, v. 9, n. 25, set./dez. 2002 (O golem laborioso); *Revista Portuguesa e Brasileira de Gestão*, v. 1, n. 1, abr./jun. 2002 (Kafka assalariado); *Revista de Administração Pública*, v. 36, n. 6, nov./dez. 2002 (O trabalho como profissão); *Revista de Administração de Empresas*, v. 33, n. 1, jan./fev. 1993 (Maquiavel funcionário) e v. 35, n. 1, jan./fev. 1995 (A rebeldia conservadora).

2

O golem laborioso

Na madrugada do segundo dia do mês de Adar do ano de 1580, o rabino Judah Loew, necessitando substituir trabalhadores extenuados, ativou o último golem de que se tem notícia. Ele o chamou de Yossele. Yossele cumpriu o seu destino. Trabalhou arduamente até expirar. Tanto que recebeu várias homenagens. Na entrada do setor judaico de Praga foi erguida uma estátua em sua honra. Até hoje o seu túmulo pode ser visitado no átrio da vetusta Sinagoga Nova, única a sobreviver aos nazistas.

Os golens[11] são gerados da argila do Moldava, mediante a invocação de um sortilégio que inclui, ou omite, ou inverte, ou embaralha o tetragrama sacro YHWH (*Iavé*). Pronunciado equivocadamente, o sortilégio causa desgraças abomináveis. Por isso é difícil hoje em dia encontrar algum golem verdadeiro. Mas não são raras as pessoas que agem como eles. Viver como golem é a forma encontrada por alguns trabalhadores para resistir às pressões decorrentes da configuração da economia e das organizações contemporâneas. Os trabalhadores-golem são o objeto do capítulo que se segue. Nele discuto as qualidades distintivas daqueles que não se rebelam nem se afastam, daqueles que, para sobreviver, aceitam ou preferem se avassalar ao sistema.[12]

No mundo do trabalho acerbo e hostil que aí está, enquanto alguns de nós procuram manter o que lhes resta de sanidade se escondendo atrás dos biombos do formalismo, outros levam existências paralelas, desmembradas entre o trabalho e a família, cindidas entre a produção e a ociosidade. Outros ainda se refugiam na desinformação e no entretenimento, resignados a uma biografia vegetativa. Mas há aqueles cuja condu-

---

[11] O mito da criatura criada do barro e animada mediante alguma fórmula mágica ou sagrada data de tempos imemoriais. O Prometeu grego é apenas um exemplar de uma linhagem. A história do golem encontra-se em Meyrink, 1964, e em Winkler, 1994.

[12] Emprego "sistema" no sentido que lhe atribui Habermas, 1991. O que Habermas denomina "sistema" ou mundo sistêmico é a parte do real regida pela ciência e pela técnica, pelas interações estratégicas da ação, do agir instrumental, o que se baseia na racionalidade. O conceito aproxima-se do que Weber chamou de ação racional quanto aos fins e Horkheimer de racionalidade instrumental. Adorno e Habermas fazem uso de uma noção mais complexa, que envolve a racionalidade cognitiva-instrumental e compreende as abordagens técnico-científica, econômica e administrativa.

ta difere radicalmente dos demais. Pessoas que, por opção, por caráter, ou pelas vicissitudes de sua história individual, não separam a vida do trabalho.[13] Para elas, a *vita activa* e a *vita laborans* são a mesma e única vida. São produtores irrestritos, trabalhadores que renunciaram à individualidade, para quem o trabalho é refúgio e garantia, um porto seguro contra as intempéries da existência. Trabalhadores absolutos, que como fórmula de sobrevivência toleram ou constroem uma agenda de reciprocidade em que a vida é refém do sistema e o sistema afiança a vida.

O trabalhador-golem está longe de ser um indivíduo cuja existência foi truncada pelas necessidades da sobrevivência. Tampouco é um rebelde domado. É alguém a quem nunca ocorreu se rebelar. Alguém tão associado ao sistema que a ele aliena integralmente o espírito. Alguém que ambiciona pertencer, que quer ser reconhecido como útil à produção. Por natureza ou por estratégia de sobrevivência, esse tipo de trabalhador desenvolve uma conduta de aceitação e conformidade. Manipulando e sendo manipulado, mitificando e crendo, ele é um excluído, um exilado do mundo que existe para além do trabalho.

A configuração socioeconômica que aí está, intelectualizando o trabalho industrial, envilecendo os saberes gerenciais, restringindo as oportunidades ao setor terciário, induz o florescimento da disposição de espírito do golem e dos seus avatares — o robô, o andróide e o *cyborg* — e encoraja a proliferação daqueles que dependem do sistema para sobreviver não só física, mas mental e socialmente.

Nas seções a seguir discutiremos a forma particular de luta do espírito para subsistir mediante a constituição de uma mentalidade servil e alienada, uma mentalidade que dá vez ao conformismo e à instrumentalização do trabalhador. Examinaremos como essa circunstância o torna apto a assumir o comando da tarefa menor de manipular os demais trabalhadores, e como o faz pagar por sua sobrevivência o preço da vida irrealizada e da solidão.

A moral relativizada

Em uma página liturgicamente rememorada, Karl Marx sustentou que o homem, pelo trabalho, transforma a natureza e, nesse processo, transforma a si mesmo.[14] Que

---

[13] O conjunto de pessoas com as características aqui mencionadas corresponde a 1/4 e a 1/5 da população das amostras das pesquisas. A amostragem é não-probalística, mas ainda assim foi corrigida via estratificação, tipificação e sistema de quotas. Ambas as pesquisas a que estão referidas — Thiry-Cherques, 2000; e Thiry-Cherques e Figueiredo, 1994 — obedeceram a regras de investigação da fenomenologia, que considera os dados empíricos secundários, embora não irrelevantes.

[14] Marx, 1978, livro 1, cap. 7; e Marx e Engels, 1939, texto 17.

o trabalho humaniza o homem. Talvez ele estivesse certo. Talvez o enfado tenha feito com que não freqüentasse ou se esquecesse do que entreouviu na *yeshiva* de Trèves. Senão, o que teria dito do trabalhador-golem, do humano que se amolda à perfeição aos valores do sistema? Teria ele creditado a sua conduta à criação, a uma adequação ou a uma metamorfose?

Muitos argumentam que o *workaholic*, o trabalhador absoluto, o golem humano é um ser criado pelos processos modernos de gestão. Mas isso não é verdade. O golem existe desde sempre. No Pentateuco, aparece como um ser inacabado, um esboço de gente.[15] Também no Talmude[16] é o ente ou o estado que precedeu Adão. Já na Cabala foi uma matéria bruta, sem forma nem contorno, criada pelo rabino Abba ben Rav Hamma. Conta-se que Ibn Gabirol criou um golem pela volta do milênio e que o rabino Samuel criou um outro, para servi-lo na França do século XII. O fato é que, mítico ou não, quando, afinal, chegou a ser alguma coisa mais do que um proto-homem, e isso ocorreu em tempos imemoriais, o golem já surgiu como um ser predestinado à lide sem fim.[17] O trabalhador-golem nem é recente, nem teve a alma seqüestrada pelo sistema: ele é uma criatura do sistema; sua alma é a alma do sistema. Ele não é como o dr. Fausto, o alquimista germânico que, no século XV, vendeu a alma ao diabo. Não é crível que tenha sido uma coisa diferente disso que aí está. Que tenha sido transformado pelo trabalho ou mesmo colonizado, no sentido que Habermas deu ao termo, de rendição dos valores da vida aos valores da produção.[18] O golem já lá estava quando a colonização dos espíritos começou. Ele sempre se ajustou à perfeição às necessidades do sistema. Ele se ajusta belamente em um mundo como o nosso, no qual, como não cansam de insistir os motivadores profissionais, produzir significa viver. Em um mundo em que a anulação da individualidade serve ao progresso.[19]

---

[15] Salmos, 139, 16.

[16] Sanhedrin, 65b.

[17] Moles, 1971.

[18] Para Habermas (1991), há uma "colonização" do "mundo da vida" — o subjetivo e o cultural — pelo "mundo do sistema" — o econômico e o racional. Trata-se de um processo histórico. Antes da modernidade, da racionalização do mundo vivido, a integração do sistema foi subordinada à integração social. Com o advento da sociedade de classes, a relação foi invertida: a sobrevivência tornou-se a preservação do sistema, não da vida. Os vários mecanismos de diferenciação dos sistemas — a estratificação, a divisão do trabalho, o simples exercício do poder, por linhagem ou através do Estado legitimado — pouco a pouco esgarçaram a unidade entre o sistema e a vida. O primeiro passo para a separação se deu quando o Estado precisou de uma justificação ideológica para o monopólio do poder. O segundo, quando se tornou inevitável a vida sob o regime da lei formalizada. O definitivo, quando a liberdade econômica do ganho privado elevou o mercado à categoria de sistema auto-regulado e hegemônico sobre o mundo da vida, sobre a "família, a escola, o espaço público". No capitalismo tardio, o mundo da vida já é um mero satélite do sistema.

[19] Na verificação da tendência dos fatores mais importantes no que se refere ao trabalho, os dados de Thiry-Cherques (2000) indicam que os que buscam a sobrevivência via adesão integral ao sistema

O trabalhador-golem floresce hoje como floresceu em outras épocas, porque se realiza através das realizações do sistema. Ele se realiza como sistema: é uma hipérbole da colonização. Não um caso extremo, mas algo que transpôs os limites da interferência do sistema sobre a vida e se constituiu em singularidade. Seu sistema de valores sofre mais do que a simples ingerência do instrumental sobre o vital. Nele, valores instrumentais são creditados como valores éticos, tanto externamente — os valores declarados — quanto internamente — os valores que orientam a vida e o viver. Externamente, a moralidade do trabalhador-golem expressa-se pelo compromisso com preceitos como a qualidade do trabalho, o atendimento ao cliente e a eficiência comercial.[20] Internamente, pelo sacrifício da capacidade crítica. O trabalhador-golem, atrelado ao trabalho e à produção, abraça uma moral pendular, uma moral que segue o sistema, porque sua cultura é a do sistema, e sua ética foi hipotecada às conveniências do sistema.[21]

Seus valores oscilam entre as necessidades da sobrevivência e as convicções herdadas, os valores religiosos, que favorecem a idéia de que a vida e o trabalho são coisas mundanas, nada têm a ver com a moral. Para ele não é possível desatrelar a ética do trabalho. Se a vida é o sistema e se os valores do sistema mudam consoante as flutuações da economia, das rupturas tecnológicas e dos percalços da produção, se tudo no sistema é provisório e relativo, a ética também deve sê-lo. O relativismo ético não significa "não ter opinião" ou "não ter política alguma" a respeito da moral. Antes, é uma posição reflexiva, segundo a qual toda avaliação é uma avaliação relativa a um ou outro padrão determinado. É uma atitude que se ajusta perfeitamente à mentalidade do trabalhador-golem. Frases como "eles que são brancos que se entendam", "cada um sabe onde lhe aperta o sapato" ou, mais rudemente, "cada macaco no seu

---

atribuem relevância crescente a fatores como criatividade (54% de crescimento no futuro), qualificação (57%), realização (50%) e, em menor escala, competição e comércio. O sacrifício, como atributo do trabalho, é entendido claramente como coisa do passado (com um decréscimo de importância da ordem de nove para um). Além da informação direta, esses sinalizadores ajudam a firmar a coerência factual do perfil do trabalhador absoluto. O trabalho tende a ser entendido como *ergon*, o trabalho mais criativo, mais qualificado, que conduz à realização pessoal. O lado desagradável e sombrio do trabalho, que reside justamente na separação entre a vida e o esforço de produção, não foi mencionado.

[20] É possível ter-se uma noção da força e da penetração do trabalhador-golem quando verifica-se que os três itens não referidos à probidade mais freqüentes nos "códigos de ética" disponíveis na Internet são: "a máxima qualidade será procurada"; "nossos clientes serão atendidos prontamente" e "tudo será feito para mantermos a competitividade" (ou a rentabilidade, ou a produtividade, ou o que quer que esteja ou tenha estado na moda quando o código foi elaborado).

[21] Relativismo é a concepção segundo a qual não é possível estabelecer se um princípio ético é melhor do que outro porque não existem parâmetros (paradigmas) que nos sirvam de base para julgamentos morais. Na pesquisa em que estou me baseando, a opção relativista dos que se enquadram no perfil do trabalhador absoluto alcança 34,4% do total, contra 12,6% da opção majoritária na amostra (o utilitarismo).

galho" são corriqueiras quando se lhe solicita uma apreciação sobre incidentes que envolvem possíveis transgressões éticas.[22]

Pode-se lamentar que seres humanos tenham cancelado os valores e as virtudes individuais. Que a sua esperança pessoal tenha chegado a se confundir com a esperança coletiva, e a fortuna da sua existência com a fortuna da produção.[23] Mas a sobrevivência, tal como aqui colocada — coerência pessoal e resistência da psique ante as pressões do sistema —, impõe, para que possa se efetivar, uma lógica, uma explicação do mundo e da vida.

O gueto

O trabalhador-golem não é uma abstração, um constructo conveniente de idéias. É uma realidade concreta e documentada. São duas as características de sua constituição: a mentalidade conformista e o desejo de alienar à outra instância a vontade e a decisão sobre o viver — o anseio de estar identificado com alguma estrutura social, seja ela qual for. A primeira deriva da sujeição como condição da existência. A segunda, da convicção ou da sensação de que a individualidade só existe enquanto parte. Ambas, da idéia de que cada um de nós é o que é somente em relação aos outros, aos grupos, às instituições, às organizações. Trata-se de uma exacerbação da idéia hegeliana do reconhecimento.[24] Para o trabalhador-golem, ser não é apenas ser reconhecido. Ser é ser reconhecido como parte funcional, como subsistema.

---

[22] A grande preocupação dos que se opõem ao relativismo é que se possa cair na armadilha de pensar que tudo é relativo. Ver MacIntyre, 1994.

[23] Os que se enquadram no perfil do trabalhador absoluto pensam que a cautela e a responsabilidade serão as virtudes preponderantes no futuro — com índices, respectivamente, de 1,7 e 2,7 para um índice médio de -0,7 —, como a honestidade e a fé foram no passado — com índices de 0,7 e 0,0 para um índice médio de -0,9. Essa não é uma percepção gratuita. Nessa perspectiva, a ameaça à sobrevivência é condicionada pela continuidade da forma vigente do sistema. Para esse trabalhador, o eventual desaparecimento da organização em que trabalha ou da forma de produção que lhe é familiar apresenta-se como uma ameaça à vida, ao modo de viver. As mudanças nas organizações, nos processos de produção e na tecnologia põem em xeque a vida. Podem expô-lo ao desamparo moral e psicológico. Pela mesma lógica, a posição de mercado é percebida com mais preocupação, com índices bem superiores aos da média da amostra.

[24] O reconhecimento tem muitas gradações e intensidades. Vai desde o simples "tomar conhecimento" dos gregos até o "respeito" kantiano. A acepção que hoje predomina, e que utilizo, é a de Hegel, que dá o reconhecimento como a idéia de que a consciência de si do ser humano depende da experiência do reconhecimento (do conhecimento pelo outro). Ver Hegel, 1992, p. VI. Na dialética do senhor e do escravo, um tem que reconhecer o outro para que o outro "seja". O senhor mais e mais depende do escravo para ser reconhecido como senhor. O escravo, pelo trabalho, emancipa-se. A consciência do senhor segue confinada em si. A consciência do escravo alcança a liberdade de ser para si. Por isso, a verdade da consciência autônoma é a consciência do escravo.

Os esforços para esclarecer a racionalidade das atitudes de conformidade costumam girar em torno dos motivos dos que se doam ao sistema. Mas essa é uma via sem saída. Não se trata aqui de uma questão de motivos, mas de razões. E a única forma de compreendermos essas razões é, como em toda compreensão válida no campo social, nos colocarmos no lugar dos outros, nos colocarmos no lugar do trabalhador-golem. A questão passa então a ser: por que alguns de nós nos abandonamos ao sistema? Por que nos curvamos a valores externos, ou tomamos os valores do sistema como se fossem valores da vida?

Naturalmente esse é um tema muito amplo e provavelmente haverá uma razão pessoal para cada trabalhador. Mas, se restringimos a questão à conduta observável dos conjuntos de pessoas que fazem seus os valores do sistema, a explicação aponta para o desenvolvimento de uma mentalidade específica, para uma esfera de atitudes coerentes, que podem ser descritas como uma mistura de mentalidade de gueto e de vontade de inclusão.

A formação que o psicanalista teórico Bruno Bettelheim estudou sob o título de "mentalidade de gueto" foi construída na tentativa de explicar por que muitos judeus e ciganos se deixaram levar aos campos nazistas de extermínio.[25] Bettelheim, ele mesmo um sobrevivente de Auschwitz, identifica as raízes do conformismo na cultura dos grupos fechados. Argumenta que, na Europa da primeira metade do século XX, ao longo de três gerações, todos os que não estavam dispostos a se submeter às condições inferiores de respeito e todos os que queriam partilhar das novas liberdades dadas pelo capitalismo ou prometidas pelo socialismo foram se afastando da vida nos guetos. Os aventureiros, os intelectuais, os ambiciosos, os independentes, os libertários já lá não estavam quando adveio o nazismo. Restavam os habituados com as opressões. Os acostumados com a sujeição exercida pelos gentios, com a sujeição surda da religião e com a sujeição usual nas comunidades enclausuradas. De forma que, quando a Gestapo chegou, na mente daquelas pessoas houve apenas uma variação de intensidade, não uma descontinuidade, como pode parecer a um observador externo. Aceitou-se o que sempre se tinha aceitado, o que era natural aceitar.

O gueto é uma situação extrema, mas a "mentalidade de gueto" não. É até bastante comum. A primeira característica dessa mentalidade é a recusa em ver. Os judeus e os ciganos segregados pensavam que o que não acontecera a eles nunca acontecera. Não podiam conceber a matança racial porque criam que tal procedimento era contra a natureza humana. Não podiam ver, como muitos não conseguem ver, que tais matanças ocorreram ao longo da história e seguem ocorrendo com hedionda cons-

---

[25] Ver Bettelheim, 1991.

tância. A segunda característica da mentalidade de gueto é a insensibilidade como tática de sobrevivência. Quando qualquer degradação é absorvida, quando se aceita tudo, quando se ri se o mujique boçal puxa a sua barba, o opressor tende a se cansar, tende a permitir que o oprimido sobreviva e até que prospere. É a idéia de que aqueles que se dobram não se partem.

À diferença dos demais trabalhadores, para os golens, para aqueles que aceitam alinear a vida ao sistema, o alheamento do sistema significa a perda cada vez mais pronunciada do sentido da própria vida. Em vez de a tensão, incidental ou contínua, distanciá-los dos valores do sistema, aproxima-os. O "vestir a camisa" torna-se radical, quase que poderíamos dizer que se fanatiza. Mais e mais essas pessoas fazem seus os valores das organizações. Para elas, há cada vez menos vida fora do sistema. Isso não quer dizer que sua vida seja ruim. Nem mesmo que seja uma vida sem perspectivas. Mas que toda a perspectiva da vida está limitada ao "pertencimento". Dá-se a transferência da necessidade de pertencer a um grupo para a necessidade de pertencer a uma organização, de se alienar integralmente ao sistema.

Essa transferência, descrita por Galbraith,[26] é uma racionalização a partir da idéia de que está além da motivação, pura ou induzida, estudadas por March e Simon.[27] Da noção de que, uma vez que os objetivos da organização, da tecnoestrutura e do trabalhador coincidem ou devem coincidir, os valores da organização, da tecnoestrutura e do trabalhador são ou devem ser os mesmos. O caráter monástico do pertencimento e a hierarquia dos valores se confundem. Não se trata de bajulação ou de covardia, mas de convencimento, de comprometimento, se quisermos uma má tradução da decantada virtude (ou perversão) do *commitment*.[28]

A recusa em ver e a insensibilidade em relação à opressão do sistema, típicas do trabalhador-golem, parecem ser o resultado de décadas de treinamento e de taylorização. Nas fábricas, nos escritórios e nos balcões, a recusa em enxergar outras realidades e a aceitação passiva do que acontece provocam, ou pelo menos contribuem para a formação de uma mentalidade conformista, em tudo similar à mentalidade de gueto, e para o que dela resulta: a alienação radical.

---

[26] Ver Galbraith, 1968.

[27] Ver March e Simon, 1958.

[28] Para os trabalhadores com o perfil aqui descrito, a percepção das relações com os outros atores do sistema segue a tendência geral de considerar positivamente as interações com os fornecedores, o governo e a comunidade, e negativamente, ou menos positivamente, as relações com os concorrentes e empregados. Difere da média por avaliar negativamente as relações com os clientes, que no cômputo geral são consideradas positivas. Uma interpretação desse dado, a partir do que transpareceu nas entrevistas, é que as relações com os clientes, embora não sejam especialmente ruins, podem e devem ser melhoradas, já que são percebidas como a fonte de manutenção do sistema e, portanto, da vida.

O alienado

Foi Hannah Arendt[29] quem primeiro advertiu que o processo de alienação tem um efeito muito mais profundo do que o descrito pelo marxismo de estrita observância. Ela argumentou que, a partir da Revolução Industrial, quando o trabalho-*opus*, representado pelo artesanato, foi sendo substituído pelo trabalho-*labor* fabril, os produtos do esforço humano se tornaram produtos do trabalho-*labor*, cujo destino final é serem consumidos, ao contrário dos produtos do trabalho-*opus*, cujo destino é serem usados. De sorte que terminamos vivendo em uma sociedade de *laborers*, dos que laboram. Uma sociedade de golens alienados dos resultados, do controle e, muitas vezes, da compreensão dos processos produtivos.[30]

Quando os valores do sistema são tidos como valores da vida, a sobrevivência torna-se tão controlável quanto controláveis são os fatores de mercado e o progresso técnico para o trabalhador na linha de produção. De forma que os trabalhadores-golem são triplamente alienados: alienam a sua força de produção, como queria Marx; alienam sua vontade, no sentido rousseauniano do termo, às forças de mercado; e alienam sua vida espiritual ao fortuito, ao aleatório, ao acaso do seu destino material.

O conceito de alienação tem uma história. *Aliens* é o outro, o estrangeiro. Alienado é o que está separado, o que se tornou exterior, estrangeiro. No direito foi, e continua sendo, a venda, a cessão de um bem a alguém que passa a ser seu proprietário. Rousseau[31] utiliza o termo para significar "a alienação total de cada associado (membro da sociedade), com todos os seus direitos, à comunidade". Hegel[32] considera alienado o espírito (*Geist*) que se tornou estrangeiro a si mesmo. Marx, ao longo de sua obra, utiliza o termo com uma tripla acepção: a alienação em relação ao produto do trabalho, a alienação em relação ao ato de produzir e a alienação em relação à vida, ao viver. Max Weber[33] acreditava que a alienação era produto da racionalização técnica da sociedade, do imperativo para a sobrevivência de nos alienarmos às organizações e à produção, não importando quem fosse o dono da organização e o modo que a produção adotasse.

---

[29] Ver Arendt, 1989.

[30] Comparando-se com a percepção geral da amostragem das pesquisas, para a qual o trabalho é, fundamentalmente, obrigação e sacrifício, os trabalhadores com o perfil aqui descrito têm a visão de que o problema do trabalho é a precariedade e de que cada vez mais se constitui em um negócio.

[31] Ver Rousseau, 1964: *Contrato social*, livro I, cap. 1.

[32] Ver Hegel, 1992.

[33] Apud Coser, 1971.

No processo de alienação, no sentido marxista, não só a produção se torna estranha ao trabalhador como a força viva do trabalho se transforma em objeto. As relações sociais, dentro e fora do sistema, são reificadas, coisificadas.[34] A alienação é o sistema imposto ao homem privado da consciência de si, da decisão autônoma. Ele é reificado como escravo, como golem.[35] A alienação da vontade, descrita por Rousseau, se dá em uma chave ainda mais profunda.[36] Ela não decorre somente do sistema econômico, mas dos sistemas de produção. As máquinas auto-reguladas, com imensos ciclos de funcionamento autônomo, as ilhas de produção e de vendas e os demais traços do perfil produtivo e comercial da atualidade reforçam a alienação da vontade ao deixarem abertas as janelas de oportunidade somente para os adaptados sistêmicos. Por fim, o espiritualmente alienado, ao se deixar levar pela eventualidade, ao se entregar ao sistema, incorpora uma alienação que transcende a questão jurídica da propriedade dos meios de produção e a questão política da vontade. Uma alienação que deriva da autonomização da produção e dos serviços, das máquinas de controle numérico e do cartão de crédito, da costumização eletrônica e das compras via internet. Uma situação em que a máquina não mais prolonga a pessoa do trabalhador, senão que o substitui. Em que os processos industriais, de serviço e mesmo os processos comerciais se colocam além do alcance tanto do trabalho quanto do capital. Um contexto em que o trabalhador absoluto, o golem, se encaixa à perfeição em um mundo que mais e mais se aliena do viver, em um mundo que faz da auto-reprodução a razão da sua existência.

O robô

O golem é extremamente útil ao sistema. Mas nem sempre é dócil. De ordinário, os golens são serviçais dedicados, mas têm vida própria e podem se rebelar. Daí que os

---

[34] Ver Marx, 1929: Manuscrits de 1844, I e XXIV.

[35] Ver Perroux, 1970.

[36] Naturalmente, a alienação definida por Rousseau não é a alienação da vontade aos interesses de um outro, mas ao interesse de todos. A ordem civil, definida pela "vontade geral" e pelos "interesses gerais", afasta-se das vontades e interesses particulares, que são da natureza humana. O paradoxo é aqui aparente: não há contradição, mas uma dupla chave para a ordem no estado do contrato: a da moral e a dos interesses. A vontade geral difere, claro, da vontade particular, mas também difere da "vontade de todos", o somatório das vontades particulares. É a parte comum da vontade de cada um. Moralmente, o homem não pode alienar sua vida e sua liberdade, não pode se sujeitar à comunidade subjugada pelo mais poderoso ("...o que seria uma agregação, não uma associação"). O que pode, e deve, alienar são seus interesses, não a um chefe, mas à comunidade da qual é parte. Rousseau ridiculariza a idéia de um contrato de obediência "em que um se obriga a obedecer e outro a comandar" e afirma que existe somente um "contrato, o de associação, que exclui qualquer outro". Ver Rousseau, 1964.

rabinos escrevessem a verdade (*emet*) na sua testa, de forma que bastasse apagar a primeira letra da verdade (*met* = morte) para destruí-lo. Eles também são difíceis de enganar. Com se sabe, as instruções para o golem devem ser escritas em uma folha de papel e postas em sua boca. Na Praga renascentista alguém ensinou Yossele a ler e ele descobriu o que era. Corre a lenda que a decepção com o seu mestre foi tanta que ele fugiu e nunca mais foi visto. Mas isso não deve ser verdade, porque seu túmulo não está vazio. O certo é que Yossele se rebelou porque descobriu que não era como as outras pessoas. Por esse motivo, quando, em 1920, ainda em Praga, o golem reapareceu sob a forma de robô, seu criador deu-se o cuidado de, no fim, humanizá-lo inteiramente.

Avatar do antigo golem, o robô é uma invenção do tcheco Karel Capek, que escreveu uma peça — *RUR* — *Rossum's Universal Robots* — onde apareciam autômatos como personagens. Em tcheco, *robota* significa trabalho obrigatório. Um *robotinik* é um servo. O termo robô, hoje de uso universal, refere-se à máquina que realiza trabalhos para ajudar as pessoas, ou efetua tarefas difíceis ou desagradáveis. Os robôs originais de Capek não eram metálicos. Eram processados a partir de um substituto químico do protoplasma. A trama da peça *RUR* trata da insurreição dos robôs. Termina quando Helena, uma robô obsoleta, e Primus, um robô perfeito, se apaixonam. Eles recebem a bênção do seu criador para casar e a incumbência de pagar pelos erros dos seus predecessores insurretos. Recebem também novos nomes: Adão e Eva.[37]

Além de servil e alienada, a índole do golem elevado a robô é a de um ser inteiramente instrumentalizado. Por isso, a mudança dos processos produtivos, a nova tecnologia, a perda do emprego, a aposentadoria são para ele figurações da morte, da anulação da existência. Entre os traços que formam a sua microcultura destaca-se, em primeiro lugar, a desconfiança e a aversão a tudo que possa ameaçar o estabelecido. Um agravo ao equilíbrio do sistema é interpretado como ataque aos valores da vida. Em segundo lugar aparece, como decorrência desse primeiro traço, a limitação dos horizontes. Os *robotiniks* tendem ao imediato, a desempenhar o papel que melhor se encaixe nas necessidades de manutenção do sistema. Uma terceira característica é a do consentimento acrítico das imposições do sistema.

É muito raro que os trabalhadores-robô mantenham relações sociais com alguém de fora do trabalho. Tendem a uma vida restrita à vida na organização, a pensar o grupo familiar e as relações pessoais como uma extensão da empresa. Vivem em uma prisão, a jaula de ferro weberiana,[38] que é a objetivação da cultura material, do "mer-

---

[37] Ver Dennis, 2000.

[38] Weber (1930:182) escreveu sobre a prisão de ferro: "não sabemos quem viverá nessa prisão no futuro". Mas, para o último estágio desse desenvolvimento cultural, pode ser dito: "especialistas sem espírito, sensualistas sem coração, esta nulidade imagina que se tenha obtido um nível de civilização nunca

cado" e do seu "poder inexorável". Que é também a prisão mental em que estamos encerrados por nossa forma de pensar. É a prisão de uma humanidade especializada, "vocacionada", compelida a abandonar a "universalidade da humanidade" e a viver em um mundo racionalizado, "desencantado".[39] Mas o trabalhador robotizado não sofre com a prisão de ferro porque não a enxerga. Simplesmente a integra.

Esse caminho sugere conduzir à morte do espírito. As cores da existência, o viver em profundidade parecem ter sido anulados. A sobrevivência espiritual parece ter sido sacrificada às sobrevivências material e emocional. Mas, para o trabalhador-robô — não obstante o fato de o progresso técnico acelerado, as pressões de uma economia de mercado de regulação social nula ou deficiente, a precariedade das organizações e do trabalho incidirem cruelmente sobre o vivido —, o sentido da vida não está morto. A organização e o trabalho emprestam sentido ao viver.

É significativo que a produtividade, o atendimento dos clientes e a rentabilidade pareçam, a essas pessoas, fatores que tendem à perda da relevância que atualmente lhes é dada.[40] Isso mostra a dissociação entre o trabalho — um valor e um bem em si mesmo — e seu resultado — a produção/produtividade. Em uma interpretação imediata pareceria que, para elas, o trabalho não serve à produção, mas à vida. No entanto, a investigação de campo deixa claro que ocorre justamente o inverso. O sistema e a vida mais do que se confundem: o sistema, por intermédio do trabalho, faculta o sobreviver.

O utensílio

A estrita observância do cânon de valores do sistema presta-se a todo tipo de instrumentalização. Do lado mais sombrio, trata-se de extrair sobretrabalho do robô ou de utilizá-lo para isso. Do outro, de apresentar o esforço de crescimento econômico da organização como uma espécie de conquista da felicidade individual. O trabalhador-robô não é um fantoche, um boneco de engonço. Não é um autômato que ganhou vida própria, mas alguém que vive como se fosse um autômato. Ele se adapta

---

antes alcançado". A prisão de ferro deriva da exacerbação da racionalidade formal (técnica) em detrimento da racionalidade substantiva (que considera o todo da vida). A evolução técnica nos levaria a uma sociedade desumanizada, que limitaria as nossas potencialidades.

[39] Ver Scaff, 1989.

[40] Nas pesquisas a que venho me referindo, os fatores considerados mais importantes pelos que se incluem no perfil do trabalhador integrado ao sistema indicam como forças ascendentes — as que devem continuar a prevalecer no futuro — a qualidade do trabalho e a competitividade.

tão completamente ao sistema que não pode se dar conta do quanto é útil, do quanto é um utensílio, do quanto é um instrumento.[41]

A instrumentalização — da qual o andróide é vítima e promotor — advém das práticas administrativas de recursos humanos e não de um interesse individualizado.[42] Tal como as técnicas de auto-ajuda, muitas das formas atuais das práticas de RH exploram facetas do instinto de sobrevivência. Elas se fundam na ilusão de conhecer o futuro e na esperança de melhorar ou prolongar a vida. Prometem um futuro melhor, mais conforto, ou mais segurança ao empregado. Aí estão as normas (planos de carreira) que irão corrigir as injustiças e "estabilizar" a vida funcional. Aí estão os programas de "qualidade de vida". Aí estão também os sistemas de recompensas, os guias na selva das organizações, que recomendam "estratégias de sobrevivência" baseadas na vigilância e na desconfiança. Essas "estratégias" derivam da literatura psiquiátrica e médica sobre a resistência às enfermidades e da crescente produção sobre a morte. Ambas exortam as pessoas, como estratégia para enfrentar as "crises da idade adulta", a diminuir suas ambições e a confinar sua atenção ao momento imediato.[43]

Os trabalhadores-robô nada mais fazem do que seguir esses manuais de sucesso, a ótica míope das práticas contemporâneas de RH, onde o tempo e o espaço limitam-se ao presente imediato, ao meio circundante do escritório e da fábrica, onde os sobreviventes devem aprender o truque de se observar, como se os acontecimentos de suas vidas estivessem ocorrendo com outros. O desempenho de um papel serve não só para projetar uma imagem de energia e confiança, como para proteger contra os inimigos invisíveis, manter os sentimentos sob controle e dominar as situações ameaçadoras.

Por essa razão é que o trabalhador com a índole de um robô jamais se vê como sujeito, senão como vítima das circunstâncias. O deixar-se guiar por forças externas incontroláveis inspira um modo de sobrevivência moral, uma retirada do "eu" sitiado em direção à conduta de um observador separado e distante. Ele partilha com os

---

[41] Para esses trabalhadores, há uma percepção negativa das relações com empregados (a relação capital/trabalho). A posição, ou melhor, a queixa é que os empregados, como parte do sistema, não podem ser alijados das decisões. Quando o trabalho se confunde com a vida, distanciar o empregado do sentido da empresa é privá-lo não só do direito de reger a própria vida como do dever de contribuir para melhorar as condições do grupo a que pertence.

[42] Até onde pude inferir nas pesquisas que realizei, é muito raro o "aproveitar-se" da ingenuidade ou do entusiasmo do trabalhador. Por outro lado, não verifiquei tentativas de alertar ou convencer as pessoas de que, eventualmente, poderiam estar sendo utilizadas. Como me disse um dos entrevistados: quem é que gosta de contar a uma criança que Papai Noel não existe?

[43] Ver Lasch, 1990.

demais trabalhadores o medo do impacto da tecnologia sobre o trabalho.[44] Mas se isso se deve em parte à sensação de distanciamento trazida pelas máquinas de controle computadorizado, deve-se muito mais ao receio de que as modificações no trabalho os desamparem espiritualmente.

A ferramenta

Uma tradição da antropologia e da psicologia do trabalho identifica o trabalhador moderno com a engrenagem, como se o trabalhador cada vez mais se aproximasse de um mecanismo, como o mecanismo de Descartes[45] — um dos precursores da invenção do robô —, que, uma vez tendo recebido corda, trabalha incansavelmente. Descartes toma a idéia do Pigmaleão das *Metamorfoses*[46] e dos autômatos de feira, sensação na sua época, para sustentar que o corpo é uma máquina, uma estátua animada, onde Deus pôs todas as peças necessárias a seu funcionamento. Já no século XVIII os engenheiros falavam do homem como "máquina animada". Para eles, os primeiros administradores modernos, o homem é seu próprio motor. O homem é um "conversor" de energia. Converte alimentos, ar etc. em trabalho, como queria Lavoisier.[47] Mas a imagem do homem-máquina, se é feliz, não é mais verdadeira. Pelo menos hoje em dia não é verdadeira na amplitude pretendida pelos que insistem nessa idéia.

No passado, as corporações exploraram à exaustão todos os que não tinham autonomia, os que não tinham direito a si mesmos, ao próprio corpo: os servos, as mulheres, as crianças. Depois, excluíram o que deles havia sobrado. Mais recentemente, o taylorismo excluiu os não-ajustados e o fordismo, os não-intercambiáveis e os rebeldes.[48] Ficaram os operários padronizados. Mas a intelectualização necessária ao trabalhador contemporâneo, com todo o treinamento que nela vai embutido, é incompatível com o taylorismo e o fordismo clássicos, de sorte que os excluídos de hoje são os que não detêm conhecimento, os que não puderam aprender.

---

[44] Uma característica singular dos que se enquadram no perfil aqui descrito é a apreensão generalizada quanto ao futuro do trabalho. Embora os fatores positivos do trabalho acompanhem a percepção média, os fatores negativos são vistos como aumentando progressivamente, contra uma tendência fortemente declinante no entendimento do conjunto dos entrevistados.

[45] Ver Descartes, 1963-73:378 e ss. Para ele, a medicina nada mais era do que a "mecânica do corpo humano".

[46] Ver Ovid, 1955.

[47] Apud Vatin, 1993.

[48] Ver Dubar, 1998.

Como o crescimento da economia não tem compensado a diminuição de postos de trabalho, há uma exacerbação na competição pelos postos restantes. As dispensas recaem naturalmente sobre os que não sabem manipular a produção — máquinas e pessoas — por meio dos computadores, sobre os que não podem acompanhar o ritmo de produção a passo informatizado (*computer passing*), sobre os inaptos para o condicionamento necessário ao teletrabalho.[49]

Se, de um lado, a taylorização se aprofunda, porque os programas sofisticados necessitam cada vez menos da habilitação dos operadores, essa desabilitação (*deskilling*) é uma desabilitação de ofício, não de conhecimentos. Isolado em sua ilha de controle, distante da geração dos bens e do convívio com colegas, clientes, fornecedores, o trabalhador "viável" é, cada vez mais, o que obteve êxito no processo continuado de habilitação informacional. É o robotizável, o sobrevivente resultante da seleção artificial.

O termo "viável", cunhado pelos médicos dos hospitais de sangue da I Guerra Mundial para denominar os feridos que tinham condições de sobrevivência, serve perfeitamente à apreciação dessa multiplicidade de formas de ser, ou estratégias de sobrevivência na esfera do trabalho. As pesquisas que lastreiam o que venho relatando revelam diversas condutas no mundo da produção.[50] Algumas têm-se demonstrado viáveis, outras não. A do homem-engrenagem, do eterno manipulado, do homem dos tempos modernos de Chaplin é hoje minoritária. A engrenagem, mesmo movendo outra engrenagem, não é autônoma, não tem a independência operacional requerida pela produção contemporânea. O robô não é uma engrenagem, é um utensílio e uma ferramenta.

A habilitação não é apenas um caminho para a sobrevivência espiritual, mas um caminho para a sobrevivência material. Não é uma antítese da sobrevivência, mas uma precondição. A cultura técnica se expande; novos conhecimentos, novos bens e novos valores são acrescentados a ela a cada dia, o que determina uma barreira lógica (não-valorativa) aos não-iniciados. A cultura técnica, como toda cultura, não é um todo harmônico, mas uma porção de contradições em constante movimento dialético. Enquanto parte desse movimento, o trabalhador robotizado, como sabemos desde Hegel, não se opõe aos outros e, sim, depende deles para que se compreenda e se encontre a si mesmo. Ele não se coloca como mentor, como engrenagem, como carrasco, ou como vítima. O robô — o utensílio, a ferramenta — é indiferente, ajustável, é o líder ideal de qualquer grupo, o factótum da burocracia, o vendedor universal.

---

[49] Ver Chamot, 1963.

[50] Entre as quais a de maior freqüência é a que cinde integralmente a vida espiritual e a vida do sistema e, de freqüência um pouco menor, a que apresenta um movimento pendular entre a vida e o sistema.

O aristocrata

O homem-ferramenta, cuja vida é o trabalho, cujo espírito é o do sistema, acabou superando o homem-engrenagem, via seleção artificial dos mais bem adaptados. Agora, não mais como escravo, mas como senhor, o trabalhador pode finalmente alcançar a incorporação vivencial e moral ao sistema. É como aristocrata do produzir que atinge a plenitude da auto-anulação. O robô engrenagem foi superado pelo robô manipulador, pelo trabalhador-andróide, por Hel, a capataz aristocrática.

Quando, em 1926, Rotwang, o cientista louco da *Metropolis* de Fritz Lang, criou a andróide Hel, não foi para que trabalhasse, mas para que fizesse os outros trabalhar.[51] Essa terceira personificação do golem servil e alienado, do robô conformado e instrumentalizado, deve realizar o destino superior do trabalhador absoluto: fazer produzir.

A aristocracia do trabalho, os que fazem os outros produzir, foi definida a partir da propensão histórica de uma parte dos trabalhadores para ter melhores oportunidades de sobrevivência do que outros. Da segunda metade do século XX até hoje foram aristocratizados os feitores da empresa taylorizada, os trabalhadores mais aptos do fordismo e os mais bem adaptados aos sistemas digitalizados de gestão. Ultimamente, quem vem sendo aristocratizado é o trabalhador habilitável. O trabalhador que dispõe da base intelectual necessária para o treinamento e o retreinamento em velocidade. Aquele que pode fazer face à cinesia alucinante de obsolescência e inovação contemporâneas e que, simultaneamente, é flexível o suficiente para se ajustar às formas de organização em metamorfose continuada: o trabalhador reprogramável.

As qualificações em atividades não-repetitivas e de supervisão e controle, se, por um lado, alijam uma quantidade cada vez mais significativa de trabalhadores, por outro selecionam e retêm aqueles que vão formando uma nova elite do trabalho. Esse processo teve início na primeira metade do século XX, quando os gerentes se apropriaram dos conhecimentos dos trabalhadores-artesãos e os otimizaram, homogeneizaram e padronizaram, determinando o fim do trabalho de ofício.[52] A partir daí o traba-

---

[51] No filme *Metropolis*, de Fritz Lang, o diretor alemão que se recusou a ser o cineasta de Hitler, o cientista malvado Rotwang cria uma andróide (seria mais propriamente uma ginecóide), Hel, destinada a substituir os trabalhadores. Há uma revolta e Hel, na tentativa de controlar os revoltosos, é humanizada como Maria, a líder dos trabalhadores explorados. Mas ela se rebela e acirra a revolta. Com isso, os gerentes vêem-se compelidos a um compromisso de paz. Maria, que do seu cativeiro controla a revolta, é libertada e Hel, destruída.

[52] Ver Braverman, 1977.

lho cerebral passou a estar concentrado nos gerentes, separando-se a concepção da execução. Esse é o princípio básico da taylorização: a idéia de que a ciência do trabalho nunca deve ser desenvolvida pelo trabalhador, mas pela gerência "científica", porque custa tempo e dinheiro estudar o trabalho e somente o capital dispõe de ambos.

Os argumentos de Taylor[53] em favor da gerência científica são eticamente problemáticos, mas logicamente corretos. O trabalhador tende espontaneamente a guardar os "segredos de ofício", a defender o emprego de seus colegas. Por outro lado, só é possível estudar o trabalho de outro, coisa para a qual só o gerente tem tempo e informação. Com a taylorização, os gerentes passaram a deter o monopólio do conhecimento, a constituir uma aristocracia do trabalho.

Mas o processo de acumulação de tecnologias, principalmente no que se refere à informatização, depende de elos cada vez mais complexos. De forma que os sistemas de automação simples vêm sendo substituídos por sistemas de meta-informação (informação sobre a informação).[54] Os novos regimes de produção destroem e recriam postos de trabalho, não só devido às novas tecnologias ou aos processos de automação, mas, e talvez principalmente, pela exigência de uniformidade, tanto no nível da produção quanto no nível das empresas. Os conhecimentos e as habilidades requeridos pelas integrações horizontal e vertical, antes atributos dos gerentes, cada vez mais são cobrados dos trabalhadores nas linhas de produção, de serviço, de vendas. O gerente taylorizado está perdendo espaço. Graças à aceleração do progresso técnico, a adesão aos valores do sistema não só garante a sobrevivência material, o emprego, como facilita a ascensão funcional de uma nova aristocracia do trabalho.

Com a evolução tecnológica e a decorrente modificação dos processos de trabalho, aos aristocratas do controle e da informação vieram se juntar outros.[55] Próximos dos quadros dirigentes, que participam do poder e da planificação, os quadros de infra-estrutura vieram integrar a aristocracia estável, que conduz o cotidiano da organização e garante sua continuidade. De modo que a aristocracia contemporânea é composta cada vez menos dos gerentes do taylorismo, que progressivamente estão sendo substituídos por quadros móveis, com especializações de utilização efêmera, que operam em pequenas equipes ou individualmente, realizando quase que unicamente consultas e *expertises*. O trabalhador-andróide, como ferramenta — que é um artefato feito para atuar sobre outro mecanismo —, deve ser capaz de dominar todo tipo de objeto: o artefato, o utensílio, as outras ferramentas, os instrumentos de con-

---

[53] Taylor, 1947.
[54] Ver Cohendet, Ledoux e Zuscovitch, 1991.
[55] Ver Bouchet, 1998.

trole. Com a intelectualização do trabalho, ele vem se especializando em uma espécie particular de manejo: o governo dos demais. Ele é um manipulado que manipula os objetos, os processos e os outros trabalhadores.

O iludido

O golem e seus avatares, o robô e o andróide, são manifestações emblemáticas de um tipo particular de trabalhadores: os que têm sua vida material, espiritual e social mesclada à do sistema. São símbolos calcados nos temores e nas ambições humanas. Multifacetados, oscilam entre a anulação e a utilidade, entre a alienação e a eficácia, entre a vontade de poderio e a de reconhecimento. Em sua última ou mais recente personificação, o *cyborg*, hesitam entre a ilusão e a exclusão.

O termo *cyborg* (de cyb*ernetic* org*anism*) foi cunhado em 1960 por Manfred Clynes e Nathan Kline,[56] cientistas da Nasa que estudavam a possibilidade de aumentar artificialmente as capacidades dos astronautas. Foram concebidos como meio gente, meio máquina. Nos anos 1980 e 90, o fraco imaginário da indústria da ficção os transformou em artefatos de guerra, mas a intenção inicial era a mesma de todo golem: a economia do trabalho.

Como as outras manifestações do golem, o *cyborg* é uma fantasia. O que faz que seja o modelo ambicionado, a aspiração de vida dos trabalhadores que conformam o conjunto de referência que venho analisando, é a ilusão da infalibilidade, o mito da eficácia absoluta. É possível que a degeneração das crenças religiosas em crendices primárias e a tecnificação do mundo tenham aberto um vazio existencial espontaneamente ocupado pela representação dos valores do sistema como valores da vida. Porque não são as ilusões que inventamos que nos permitem sobreviver; ao contrário, a vontade de viver é tão forte que chega ao extremo de forjar ilusões. Daí que, na falta de uma explicação ou de uma compreensão "científica" do real, internalizemos os mitos.

O mito não é uma mentira. Ele existe porque *tem* que haver uma explicação, porque necessitamos que o acontecer da vida e do mundo faça sentido. Temos que nos representar e representar o mundo para nos entender. O artista primitivo, como a criança, toma as imagens da memória (o fenômeno) como ponto de partida da representação. Por isso representa o corpo frontalmente, o cavalo de perfil e os lagartos vistos de cima. Essas são as formas mais simples de representação.[57] O que não quer dizer que não

---

[56] Ver Clynes e Kline, 1960.
[57] Ver Gombrich, 1986.

saiba que essas são imagens parciais e esquemáticas: apenas não consegue representar além disso. Também os trabalhadores-*cyborg* encontram no esquema e na simplificação o refúgio para os riscos de uma realidade que sabem complexa e hostil.

Viktor Frankl, um psiquiatra de Viena, foi quem melhor descreveu a sobrevivência do espírito pela via da ilusão. Ele trabalhou com as "neuroses noogênicas", um tipo de desorientação que se enraíza não no âmbito psíquico, mas no domínio do noético. São desorientações que se apresentam como problemas espirituais, como conflitos éticos, como crises existenciais, não como neuroses convencionais (não como maluquices no sentido popular). Em suas investigações,[58] Frankl verificou que muitos prisioneiros de campos de concentração deviam sua sobrevivência a uma espécie de "morte emocional", ao adormecimento do senso crítico. Concluiu que, no limite, o sobrevivente rejeita a esperança e também o desespero. Ele se sente feliz por estar vivo. Ele se concentra em estar vivo, em chegar ao dia seguinte, o que aumenta suas chances de sobrevivência material e, especialmente, as chances de preservar a sanidade mental ante a adversidade de uma realidade absurda e insuportável.

A dedução essencial de Frankl foi que, se a sobrevivência não pode ser tomada como um fim em si, então deve haver um propósito externo a nós mesmos que nos confira uma razão para viver ou morrer. Esse propósito pode estar em outra pessoa, na família, em uma empreitada, em uma ambição. Pode estar no trabalho absoluto. A automação, a irreflexão levada às últimas conseqüências, privou o trabalhador da sensação de utilidade. O tédio e a insatisfação anularam a individualidade, mataram o espírito. O trabalho um dia foi a vida. Se não é mais, pelo menos podemos fingir que é. Podemos nos iludir. Podemos condicionar a nós mesmos, como os sobreviventes dos campos de extermínio, como *cyborgs*, meio programados, meio amestrados.

O condicionamento, como os reflexos condicionados, são uma "causa aprendida".[59] Não um motivo, mas uma razão. O fato de essa razão poder ser falha na base não invalida sua força.[60] O processo consiste em centrar o espírito naqueles segmen-

---

[58] Ver Frankl, 1962.

[59] A propósito do condicionamento, há uma experiência curiosa e pouco divulgada, realizada por Skinner, um dos pais do behaviorismo (ver Riedl, 1988). Tentando estudar o mecanismo do aprendizado entre os pombos, Skinner encerrou-os em caixas e forneceu-lhes comida em horas certas. Com o tempo, cada pombo acabou associando um movimento à aparição da comida. Um abrir de asas, um passo para trás e assim por diante. Na esperança de obter mais comida, cada pombo aumentou o número de vezes que executava seu movimento particular, o que, como a comida aparecia sempre à mesma hora, reforçou a associação. Atiçados pela fome e sem qualquer capacidade dedutiva, os pombos de Skinner terminavam doidos. Executavam um bailado surrealista até morrerem de exaustão.

[60] Por exemplo, nos anos 1950, quando os bilhetes de loteria eram uma mania nacional, os responsáveis pelas loterias tinham que carimbá-los todos como "bilhetes de São Paulo". Isso porque, como em São

tos da realidade que são harmônicos com a direção geral do sistema, com o sentido do sistema. Alcança-se, por esse meio, um estado de insensibilidade e resignação psíquicas diante de condições sabidamente inevitáveis. Suprime-se a capacidade de autoapreciação, a capacidade crítica, a auto-reflexão. Desumaniza-se, mas se sobrevive,[61] ainda que no isolamento.

O solitário

Nas formas de produção e geração de serviços que aí estão, a *autarkeia* encontra pouso e as melhores condições de desenvolvimento. Estudos sobre a interação no chão de fábrica[62] demonstram que mais e mais, ao longo das cadeias produtivas, as pessoas se isolam ou são isoladas. As novas tecnologias não trouxeram só o aumento do conforto: trouxeram também a exclusão da comunidade — o insulamento — e a exclusão na comunidade — a solidão. Nelas o trabalhador-*cyborg*, autônomo, autosuficiente está em seu elemento.

O processo de insulamento na produção tem uma longa história. No início da modernidade houve a proibição pura e simples de conversas no ambiente de trabalho. Um impedimento usual nas primeiras manufaturas, que exigiam grande concentração para que a produtividade fosse mantida; nos escritórios, opressivamente formais; nas lojas, onde tudo se passava como nas cenas de opereta. A essa proibição veio se juntar, mais adiante, a impossibilidade física de comunicação, derivada do barulho das máquinas, da imensidão dos salões burocráticos, do fracionamento departamentalizado do comércio. Na época da taylorização, somaram-se às interdições derivadas das exigências do trabalho as derivadas das novas formas de produção, de administração, de vendas. O processo continuou com as portas corta-fogo, que impedem até

Paulo se compravam mais bilhetes, o número de bilhetes sorteado era, naturalmente, maior no estado. Daí que todos preferissem bilhetes de lá. O desconhecimento das regras básicas da probabilidade não invalida o fato de que muita gente viajava só para comprá-los. Os adeptos dos bilhetes ainda por muito tempo preferiram, se é que ainda não preferem, os bilhetes de São Paulo. Como preferem se alienar da vida os trabalhadores-*cyborg*.

[61] A perspectiva identificada (ver Thiry-Cherques, 2000) é que a produção deve evoluir em direção ao que Humberto Eco (1995) denominou "metafísica influente": os fatores da moda, como a qualidade e o atendimento do consumidor. Se a vida é o sistema, a modernização do sistema corresponde a uma higienização da vida. Não à vida boa, mas à bela vida da conformidade.

[62] A forma dominante de interdição da fala, que até os anos 1980 foi o isolamento dos postos de trabalho (8,4%), era, na década de 1990, a das novas modalidades de organização do trabalho (6,2%). Pesquisa francesa indica que as mulheres sofrem mais impedimentos do que os homens (na razão de 12%). Ver Hodebourg, 1998.

a visão entre os colegas; com o distanciamento físico, decorrente do afastamento contínuo das ilhas informatizadas de controle da produção, dos "aquários" de vidro dos gerentes, da dispersão dos pontos de venda.

À medida que se acentuam as desigualdades entre as diversas categorias socioprofissionais, a interdição da fala passa a estar intimamente relacionada com a aristocratização do trabalho. Para os que executam tarefas menos qualificadas, há um decréscimo acentuado do contato interpessoal, de que dão testemunho as enfermidades profissionais, relacionadas com o esforço repetitivo, a pressão do tempo e a solidão (depressão, alcoolismo, drogas etc.). Para os que podem fazer face às exigências intelectuais, o trabalho é cada vez mais higienizado. Menos emocional, menos fraternal, mais ascético, mais mecânico. Para os trabalhadores do nosso conjunto de referência, se a fala não é proibida, ela é impossibilitada pelo insulamento dos postos de trabalho. Humilhante para muitos, mas nada demais para o golem mudo (curiosa ou significativamente os golens não podem falar. Segundo o Talmude,[63] o Rabi Ziva, a quem foi enviado um auxiliar, descobriu que ele era um golem demonstrando que era mudo), para o robô repetitivo, para o andróide controlado, para o *cyborg* desalmado.

Há autores que vêem no domínio da linguagem uma nova forma de opressão.[64] Para eles, o curso de desenvolvimento do poder da linguagem teria tido início com o fordismo. O fordismo deu grande impulso à produtividade porque dispensava a comunicação, o que democratizou o acesso ao trabalho.[65] Mas, com a destruição da gíria profissional, passou o jugo das relações interfabris aos que podiam se comunicar com eficiência. Daí que na produção taylorizada os gerentes da administração científica procurassem misturar imigrantes de vários idiomas para que não pudessem se comunicar. Era a velha forma de poder baseada no fortalecimento do comando pela divisão dos comandados. Hoje, quando os operadores mudos do fordismo e do taylorismo já não têm mais vez, a sofisticação da verbalização do trabalho, as comunicações por escrito e a leitura de monitores excluem os despreparados por meio do jesuitismo da linguagem de decisão. Essa exclusão, mais decisiva do que a decorrente dos esquemas de Taylor, só faz beneficiar a propagação do *cyborg*, capacitado e autodeterminado.

Estando vedado o contato físico direto e mediatizada a comunicação interpessoal, o sistema torna-se cada vez mais uma cunha cravada no mundo da vida. O que explica, e talvez justifique, não só a sobrevivência como o florescimento do trabalhador

---

[63] Sanedrin, 656, *Agadah*. Ver Moles, 1971.
[64] Ver Boutet, 1998.
[65] Com o encadeamento e a mecanização das esteiras rolantes, os imigrantes, que não falavam inglês, e as pessoas mais ignorantes podiam servir à produção tão bem ou melhor do que os (caros) operários especializados.

absoluto. O sentido geral atribuído à evolução dos fatores preponderantes na produção é o de uma pasteurização, de uma limpeza de fatores conspurcantes, como o poder e os contatos pessoais.[66] O esgarçamento das relações no mundo do trabalho fragiliza o sistema de regulação intersubjetiva. Não só por questões econômicas, a proteção do trabalho é vista como obstáculo ao imperativo categórico da competitividade.[67]

A sociedade dos laborers

Quando buscava o tempo perdido, Proust descobriu, ou demonstrou, que não importam os acontecimentos ou os indivíduos. Cada um de nós pode sempre ser substituído por outros. O que importa é a estrutura da vida, a urdidura das relações, a trama do que nos acontece. Cada pessoa é um metassujeito. Tanto que, no final, Marcel, o narrador, está pronto a iniciar o romance que se acabou de ler.

É justamente como metassujeito que o trabalhador absoluto prospera. Porque o fato é que, se a divisão social do trabalho subdividiu a sociedade e a divisão parcelada do trabalho subdividiu o trabalhador, com o menosprezo das suas capacidades e das suas necessidades,[68] a atual tendência do trabalho como *commodity*, isto é, como um bem alugável, vendável, alienável, ameaça dividir espiritualmente o próprio homem.

Expulso do Paraíso, condenado a vagar pela terra e a trabalhar sem descanso, o ser humano, golem amorfo, inconformado talvez de ter sido inscrito no livro de Deus como foi,[69] aventurou-se a pôr outro em seu lugar. Sonhou fábulas. Fez com que Júpiter transformasse Liconte em lobo, que Pigmaleão se apaixonasse pela estátua Galatéia,[70] que Pinóquio[71] fosse transformado em gente pela Fada Azul. Procurou

---

[66] Esses fatores perdem para fatores "neutros", como o atendimento e a melhor organização da produção. Na perspectiva desses trabalhadores, a competitividade deve ser um fator cada vez mais importante no futuro, enquanto a produtividade e o atendimento dos clientes devem manter o nível atual de importância. A qualidade descreve um arco. No momento estamos no ápice da relevância desse fator. O trabalho, por sua vez, tende a ser um fator cada vez mais importante, o que, como vimos, é coerente com a idéia da regência da vida pelo sistema, uma idéia de conformidade.

[67] Ver Castel, 1998.

[68] Ver Braverman, 1977.

[69] Salmos, 139, 16.

[70] A história de Pigmaleão e Galatéia, a mais conhecida das *Metamorfoses* de Ovídio (ver Ovid, 1955), é o relato do escultor que se apaixona tão perdidamente pela estátua de mulher que esculpiu que faz com que os deuses lhe concedam a vida.

[71] Pinóquio é um golem (re)inventado, em 1881, por Carlo Collodi, aliás Carlo Lorenzini, um professor florentino. Em *Le aventure di Pinocchio* ele conta a história de um boneco de madeira que quer se tornar gente. Restringido pelo sistema — ele não pode mentir, porque seu nariz cresce —, Pinóquio

criar ele mesmo quem o substituísse. Como golem, como robô, como andróide, tentou com insistência o ensaio irrealista. Repetiu as cenas de *Metropolis*. A fusão de Hel com Maria, no *Frankenstein*[72] (1933); a engrenagem que mói pessoas nos *Tempos modernos* de Chaplin (1937), a maldade dirigista nos *Invasores de corpos* (1955), o humanóide sentimental na *Guerra nas estrelas* (1972), a loucura do cientista no *Dr. Strangelove* (1977), a sociedade maquinal dos trabalhadores escravos na cena inicial de *Blade Runner* (1984).

O imaginário é um portal. Nele, a liberdade, a fuga da vida avassalada ao sistema, está ao alcance da mão. No mundo concreto do trabalho, para um conjunto importante de pessoas, a impossibilidade de escapar resolve-se na adesão, na ilusão do consórcio com o sistema. É certo que o se iludir equivale a um suicídio espiritual. Mas o estar ou o ter sido iludido é uma circunstância. Uma circunstância a que as pessoas cujo perfil se aproxima do de um andróide se rendem, ou abraçam, inconscientemente. Uma forma de existência na qual encontram conforto e segurança. Com a vida amalgamada ao sistema, o trabalhador é tanto vítima quanto beneficiário, tanto padecente quanto algoz no desenrolar da vida e das vicissitudes do sistema. É o sujeito e o objeto da manipulação, da mitificação, da exclusão.

A associação irrestrita da vida com o sistema aniquila a liberdade. Mas a liberdade pode ser entendida e sentida de muitas maneiras. A concepção pluralista de liberdade, à qual estamos mais afeitos, define a escolha não como a liberdade de escolher uma linha de ação em vez de outra, mas como a liberdade de escolher todas as coisas simultaneamente. Em contraposição, uma sociedade de *laborers* define a escolha não como a liberdade de escolher entre um trabalho e outro, mas entre estar empregado ou estar excluído. Pareceria que, nessa sociedade, o trabalho não serve à produção e, sim, à vida. Mas é justamente o inverso. Na sociedade dos *laborers*, o sistema e a vida mais do que se confundem. O sistema, por intermédio do trabalho, doa a vida.

A se seguir a trajetória do momento, a formação social regida pelo trabalhador absoluto mais e mais ganhará terreno. Porque, embora o ser humano tenha inventado as organizações e as máquinas para servi-lo, o processo vem se invertendo: estamos projetando para utilizar a capacidade máxima das máquinas e das organizações

---

foge de Gepetto, seu "pai". Cai no mundo da travessura. Estranhamente, é perseguido por um malfeitor chamado Lorenzini. Como Jonas, é engolido pela Baleia (o Leviatã), mas é ajudado pelo Grilo Felinet (Falante). A obra principal de Lorenzini é constituída de livros escolares de educação e, como não podia deixar de ser, de disciplina e boas maneiras, uma forma de opressão que vai caindo em desuso.

[72] Frankenstein, segundo diz a própria Mary Shelley (2000) na introdução de seu livro, foi inspirado na história do golem, na adaptação feita por Jakob Grimm. Nessas adaptações, o golem se volta contra seu criador.

e não, como deveria ser, para produzir o que nos convém. Na sociedade em que o ser humano é um meio e não um fim, a mentalidade do golem, do robô, do andróide, que são máquinas tornadas homens, vem se expandindo, impulsionada pela mentalidade perversa do *cyborg*, do homem tornado máquina. A inversão é temerária. A conduta previsível do golem, do robô, do andróide, que podiam pouco e faziam o que se lhes mandava, vem sendo substituída pela do *cyborg*, aquele que pode muito mais do que sabe. O que disso decorrerá não é possível antever. Nas *Metamorfoses* de Ovídio, síntese da sabedoria dos antigos sobre as transmutações, que inclui a história de Pigmaleão, do Hermafrodita, de Orfeu e Eurídice, não consta a criação de qualquer autômato. Somente de dois *cyborgs*: Dédalo, o precavido, e Ícaro, que não reconheceu seus limites.

3

Kafka assalariado

Theodor Adorno, o menos austero dos filósofos do grupo de Frankfurt, advertiu[73] para o despropósito de valer-nos da obra de Kafka como um empório de informações sobre a condição humana. Diz ele que Kafka não construiu seus personagens para demonstrar que o ser humano está limitado a cumprir seus deveres e condenado a se adaptar a uma comunidade que pretende dele apenas submissão. Sua arte está além e acima dessas trivialidades.

Mas há um outro lado no que Kafka deixou escrito. Costumamos esquecer que o advogado dr. Franz Kafka foi um perito em segurança do trabalho. Tinha vários cursos de especialização sobre práticas administrativas de produção fabril e durante sua vida profissional viajou pela atual República Tcheca, inspecionando e, principalmente, instruindo gerentes e trabalhadores sobre os riscos do trabalho nas manufaturas.[74] Por isso, o que, em seus relatos, prende a atenção de todos nós, que lidamos com os problemas de gestão, são os acontecimentos que já vivenciamos. Ler Kafka tem para nós o efeito de um *déjà vu*.

É claro que o que ocorre a seus personagens tem a ver com um momento de uma cultura: a dos tchecos de expressão alemã no ocaso do Império austro-húngaro. Hoje, as linhas de produção e os escritórios não são o que eram na sua época. Mas, se há um motivo para que a obra de Kafka continue atraindo o interesse, se há uma razão para que seu nome seja um adjetivo, é que o que escreveu está referido a alguma coisa de permanente. Mesmo sendo verdade que tudo o que deixou escrito não passa de ficção, os sentimentos, as condutas, os pequenos truques que utilizamos para suportar o cotidiano narrados em suas obras eram, e continuam a ser, verdadeiros.

De modo que, quando olhamos para o que acontece nas organizações com o olhar de Kafka, ganhamos uma perspectiva dos fatos e dos sentimentos cuja univer-

---

[73] Ver Adorno, 1962.
[74] Ver Pawel, 1986.

salidade não deriva apenas de serem símbolos (seriam símbolos de uma época passada), mas de serem ícones do que há de eterno no mundo, especialmente no mundo do trabalho. As situações e condutas kafkianas foram construídas a partir de realidades vividas. Não só como literatura, mas também como parábolas, transcendem a própria época.[75]

Reencontrei o mundo criado por Kafka quando realizava pesquisas[76] em indústrias do Rio de Janeiro sobre os valores nas organizações. À medida que as entrevistas e as observações se desenrolavam, fui me dando conta da coincidência entre o que verificava empiricamente e os personagens e situações de *O castelo*, de *O processo* e de tantos outros escritos.

Aparentemente, os trabalhadores atuais, tão distintos daqueles que Kafka conheceu, compartilham um estar no mundo que remonta ao princípio da idade industrial e que subsiste ainda, no momento em que as noções de indústria e de trabalho entram em crise e ameaçam desfazer-se no vendaval que conflagra os modos de produzir contemporâneos.

Neste capítulo relato a convergência entre a forma kafkiana de fazer sobreviver o espírito e sua presença na atualidade empírica. Trata-se, basicamente, de estratégias de separação entre a vida e o trabalho, o viver e o trabalhar.

Desdobrei os itens de explanação nesta seqüência: o estranhamento do trabalhador ante o sistema de produção e geração de serviços (i) tem como conseqüência um padrão de conduta que, separando a vida e o trabalho (ii), nega a possibilidade de integralização em um mundo que lhe parece frio e distante (iii). Dessa recusa decorre uma relação maquinal entre o trabalhador e o sistema (iv) e a constante, ainda que impraticável, tentativa dele se ver livre (v). O não-compromisso e a indiferença moral que daí resultam (vi) deságuam em uma existência dupla, cindida entre o agir (a liberdade) e o sofrimento do trabalho (a angústia[77]).

---

[75] Ver Anders, 1969.

[76] Ver Thiry-Cherques, 2000. Nessa pesquisa procuro determinar as estratégias e os modelos de sobrevivência, tanto material quanto espiritual, utilizados pelos trabalhadores. As estratégias mais freqüentemente empregadas — não necessariamente as de maior êxito — são as que, no plano material, envolvem a produtividade e a flexibilidade; no plano político, a dissimulação; e, no plano espiritual, os extremos do compromisso e da indiferença em relação ao trabalho. Desta última classe de estratégias deriva a análise aqui apresentada.

[77] No sentido existencial, e não psicológico, que lhe dá Kierkegaard (1957). É a angústia do desamparo da subjetividade ante a impossibilidade de determinação do mundo objetivo. O conceito foi retomado e retrabalhado por Heidegger em *O que é a metafísica?* Ver Heidegger, 1993.

Estranhamento

A pedra angular do que tomei a liberdade de chamar de estratégia[78] kafkiana de sobrevivência espiritual é a segregação entre a vida e o trabalho. A conduta que a preside é a da abdicação do mundo do trabalho como possibilidade vivencial; a noção de que ou bem a vida na organização não faz sentido ou, se faz, esse sentido é inapreensível.

O modo de ser kafkiano articula-se em torno de três convicções: a de que os valores e as relações que circunscrevem o mundo do trabalho são hostis e incompreensíveis; a de que a vida, para ter sentido, não pode coexistir com o que não tem nexo; e a de que, em decorrência disso, só sobrevive espiritualmente aquele que se desliga do sistema, aquele que consegue separar a vida do trabalho.[79]

Talvez porque sejam comuns hoje em dia as situações descritas por Kafka, ou talvez porque o modelo abarque uma gama ampla de sentimentos, um arco que compreende desde o mais corriqueiro mal-estar até os casos extremos de desajustamento e paranóia, essa forma de ser e de agir é das mais difundidas entre as identificadas na pesquisa a que me referi. Típicas dessas atitudes são as opiniões de que "alguém" ou "os outros" ou "a direção" conspira para que fulano ou beltrano ou o sr. K. não consiga realizar seus projetos, ou ascender funcionalmente, ou ser transferido etc. Não são poucos os que estão convencidos de que, se existe sentido no mundo, esse sentido é contra eles. Mas são casos-limite. Como para os personagens de Kafka, a maioria pensa ou sente que o sistema faz tão pouco sentido que nem mesmo é contra as pessoas.

Em termos que se pode chamar de objetivos, o estranhamento — a impossibilidade dos atores de se familiarizarem com os procedimentos no sistema — é o que anima o conjunto de manifestações que conformam essa atitude.

Estranhamento é o sentimento de separação entre o percebido e o que pareceria lógico ou, pelo menos, aceitável. O desânimo, o pessimismo, o não-compromisso, o mal-estar são a nota dominante do estranhamento.[80] Nada mais kafkiano do que a

---

[78] O que denomino "estratégia" restringe-se a um conjunto racionalmente encadeado de condutas. Nas pesquisas que realizo, interessou-me a razão (a lógica) das relações e não as raízes dos comportamentos individuais.

[79] Devido à primeira proposição, é grande o risco de, ao nos determos na descrição dessa estratégia, cairmos no psicologismo. Por esse motivo, advirto que minhas observações indicam que as razões que levam as pessoas a preferirem qualquer conjunto de atitudes não foram consideradas na pesquisa mencionada.

[80] Na relação dos fatores mais importantes presentes nas organizações, aqueles referidos às virtudes morais — como perseverança, otimismo, responsabilidade, equilíbrio e adaptação ao trabalho — aparecem, para o indivíduo que adota a estratégia que se está relatando, bem abaixo da média observada para a totalidade dos que responderam aos questionários e foram entrevistados. Ver Thiry-Cherques, 2000.

impressão de estar sobrando, de não dever estar aqui onde se está, de querer estar em outro lugar. Qualquer lugar.

É a sensação de deslocamento, a mesma que devia ter Kafka, um homem esguio, de quase 1,90m de altura, que vivia em um mundo de gorduchos baixinhos. Um advogado sagaz, que vivia em meio a comerciantes obtusos, como seu pai. Um tcheco de cultura alemã. Um intelectual entre pragmáticos. Um homem que, para os tchecos, era um alemão, para os alemães, um judeu, e para os judeus, um trânsfuga ateu.[81]

Por isso, talvez, seus textos descrevem, com propriedade diabólica, o estranhamento em relação ao mundo do trabalho. Ali, tudo o que deveria ser fixo e permanente, como os edifícios e os atos burocráticos, transmite uma idéia de provisório, de efêmero, de insólito. Nesse mundo, o trabalhador, avesso aos valores predominantes no sistema que o cerca, vive uma vida mental inteiramente separada da vida física. Seu espaço é inconstante e seu tempo psicológico nada tem a ver com o tempo físico, o tempo dos cronogramas.

A distância entre o ato e o pensamento é de tal ordem que mesmo os ciclos naturais o surpreendem. Como o agrimensor d'*O castelo*,[82] para quem a noite cai fora de hora, o trabalhador se assusta quando soa o aviso do final do expediente. Para ele, o mundo do trabalho é uma irrealidade, é como um pesadelo: sabe-se que vai acabar, mas também sabe-se que voltará outra e outra vez.

Nesse mundo, o trabalhador está presente em corpo, talvez em alma, nunca em espírito.[83] Por mais que esteja familiarizado com a rotina de seu emprego, com os ambientes, com o cotidiano do processo de produção, as regras de funcionamento do sistema parecem-lhe incompreensíveis ou erradas. Quando Karl tenta empregar-se no Grande Teatro Integral de Oklahoma,[84] há uma angústia completa do desconhecido. Ele não sabe se deve entrar ou sair dos lugares, subir ou descer, falar ou calar. Não entende as perguntas e não sabe como respondê-las. Nem sabe se realmente está ali. Tudo se lhe afigura esquisito. Assim também para o trabalhador real: dá-se uma insistente nostalgia das formas arcaicas de trabalho, de um tempo fictício, quando quase não teria havido insegurança e prevaleceria a utilidade, a disciplina, o sacrifício, a

---

[81] Ver Pawel, 1986.
[82] Ver Kafka, 1968.
[83] Heráclito (1982:21, 26) foi quem primeiro descreveu esse estado: o da vigília que é um pesadelo, o do sono que é a morte.
[84] Kafka, 1965.

vocação. Para esse trabalhador, são estranhas as perspectivas do ofício como negócio,[85] do mundo exterior socioeconômico.

Pode parecer exagero comparar essa situação com a encontrada nos relatos de Kafka, mas qualquer um que tenha procurado emprego ou integrado pela primeira vez uma linha de produção conhece o sentimento. Para a maioria de nós, a sensação de estranheza desaparece com o tempo. Para essa minoria a que venho me referindo, não. O mundo do trabalho, no qual precisamos estar para subsistir, para continuar vivendo fisicamente, estará sempre separado do da vida mental e emocional. Gregor Samsa, o caixeiro viajante de *A metamorfose*, sabe quem é, mas sabe também que, externamente, é um inseto.

Cisão

A cisão entre a vida e o trabalho como estratégia de sobrevivência é a demonstração empírica do engano de se ver o ser humano como ente uno e indivisível.

Para grande parte dos teóricos sociais, os indivíduos, assim como os grupos humanos, constituem totalidades nas quais não se poderia, a não ser arbitrariamente, seccionar alguns setores e deles fazer realidades autônomas.[86] Nessas ordens de pensamento, a afetividade, a razão e o comportamento de um indivíduo constituem uma unidade coerente e significativa. A lógica interna desse tipo de pensamento não admite uma história autônoma da economia, da cultura, da política. Também a religião, a moral, a arte, a literatura não poderiam ser nem realidades autônomas, independentes da vida econômica, nem meros reflexos desta. Apenas tendem a sê-lo quando o econômico apodera-se de todas as manifestações da vida humana, como no mundo capitalista, segundo pensou Marx e os que se lhe seguiram.[87]

---

[85] Ainda que seja mantida a esperança da criatividade e da realização, comparando-se a percepção do trabalho do conjunto de indivíduos que adotam essa estratégia com a média das pessoas entrevistadas para a pesquisa, obtém-se o índice de 0,3, contra 2,6 do trabalho como vocação.

[86] Ver Goldmann, 1979. Por esse motivo evito utilizar a palavra "grupo" para denominar os indivíduos com os atributos aqui discutidos. Utilizo o termo "conjunto", no sentido que lhe dá a lógica (Boole, Cantor etc.) de elementos que satisfazem uma determinada propriedade, e o termo "classe", no sentido de coleção de conjuntos que possuem pelo menos uma característica em comum. Os grupos são coleções de elementos inter-relacionados com uma identidade comum. As pessoas que compõem os conjuntos definidos empiricamente não formam grupos, porque, embora possuam identidade, não mantêm uma dinâmica relacional interna.

[87] Em *A ideologia alemã*, Marx e Engels (1939) dizem que produzir a vida pelo trabalho é tão natural quanto procriar. Hannah Arendt (1989) levantou a questão de que, se para Marx o trabalho "produz a vida", o trabalho é o que mantém a humanidade viva.

Essas convicções da unicidade do ser humano e do sentido da história, hoje francamente majoritárias nas literaturas administrativa e sociológica, procedem de um pensamento lógico e bem fundamentado. Ocorre que não refletem o que se verifica na prática e o que Kafka viu ou adivinhou no angustiante universo que descreveu. Naquele mundo, e no que tenho empiricamente documentado, existe uma brecha entre o mundo subjetivo e a externalidade empírica.[88] Para os trabalhadores que o conformam, o sistema, e não o ser humano, é que é um todo único. As relações entre as pessoas e as coisas se lhes afiguram como uma estrutura truncada, em que o ser humano só participa como excluído, como uma individualidade imersa em uma totalidade hostil e incompreensível.

No universo de *O castelo*, de *O processo*, de *A colônia penal* e *Amerika*, o histórico, o conhecimento da origem e da evolução das coisas inexiste ou é ininteligível. Não há uma cultura, uma articulação entre os valores e as condutas. Não porque os mitos, os ritos e as crenças estejam ausentes. Eles estão lá. Mas não se ajustam, não se pronunciam, têm uma existência isolada, muda e disparatada.

Também no mundo empírico das pessoas que vivem o cotidiano do chão de fábrica, a cisão entre o eu que trabalha, os outros e o sistema, que alinha e ordena a produção, é de tal ordem que reforça a convicção de que os conteúdos da vida e do sistema são incompatíveis. Não só porque o sistema é tido como inatingível e imutável, mas porque essa imutabilidade o torna desumano, frio, dominado pela mecânica da produção.

Com a separação mental entre vida e trabalho, há um descolamento entre o que seria o comportamento lógico — a racionalidade quanto aos fins no sentido weberiano do termo[89] — e a lógica ou a razão individual. Nessa cisão, o grande perigo não está nos outros, na hierarquia, nos gerentes ou no mundo externo ao trabalho. Está em se deixar integrar, em ceder ao fascínio do mecanismo da produção. Porque aquele que acasala com o sistema, que dorme com o inimigo, sai da vida. Transforma-se em autômato, em engrenagem, em componente.

Bem mais acentuadamente do que em outras perspectivas, há aqui a nostalgia de uma idade de ouro, quando o trabalho teria sido mais criativo. A percepção sobre o trabalho é tão sombria que é usual os trabalhadores apontarem circunstâncias em que

---

[88] É possível que Kafka tenha tomado essa idéia de empréstimo dos círculos de estudos brentanianos que freqüentava. Para Brentano (ver Bernet, Kern e Marbach, 1993), como depois para seu aluno Husserl e para toda a fenomenologia, só o mundo interior tem verdadeiramente um cáráter de realidade. O mundo exterior, embora não se negue que exista, não tem realidade. Ver Smith, 1999.

[89] Para Weber (1974b), um ato é fim racional quando pode ser descrito de acordo com os cânones da lógica, os procedimentos da ciência, ou a consecução de objetivos econômicos.

as máquinas são consideradas mais importantes do que as pessoas. São mais bem cuidadas, recebem mais atenção dos dirigentes etc. Sabemos todos que essa é uma situação recorrente.[90] Alguns de nós se revoltam com essa circunstância, outros a aceitam, outros ainda, a maioria talvez, nem reparam. Específico da postura kafkiana é a memória perene que alimenta o ressentimento contra o sistema, contra a indiferença do sistema. O que esmaga o sr. K. é que a corte nada quer dele. Nem mesmo julgá-lo.[91]

É comum esses trabalhadores recusarem promoções, cargos, renunciarem a todo deslocamento que os faça mover para cima, para os lados ou para qualquer ponto que não seja o que já ocupam na estrutura organizacional.[92] Recusam-se a perder a posição que ocupam na ordem geral do mundo do trabalho. Não porque temam arruinar o que conquistaram, mas porque sabem, ou pelo menos estão convencidos disso, que a grande conquista é realizada internamente, à custa da supressão da individualidade, do desejo, da aspiração vital em favor do trabalhar, da necessidade de sobreviver. Os exemplos são múltiplos, o resultado um só: a auto-imagem do trabalhador cindida entre a parte que trabalha e a parte que vive. A primeira sendo necessária unicamente para que a segunda subsista.

A máquina inapetente

Ceder ao sistema é aceitar a desumanização, é transformar-se em engrenagem, é consentir a metamorfose. Provavelmente por esse motivo, aqueles que adotam ou se resignam a essa estratégia de sobrevivência têm a convicção da insensibilidade do mundo. Como os personagens de Kafka, não se sentem pessoas. Sentem-se antes como homens-profissão,[93] ou como a Máquina, o protagonista verdadeiro de *A colônia penal*[94] que traça arabescos dolorosos e sem significado, ou ainda como o *odvadek*,

---

[90] Não é preciso ir longe. Em quase toda parte encontramos máquinas que funcionam melhor no frio — computadores, por exemplo —, o que faz muita gente congelar pelo mundo afora apenas para que as máquinas se sintam confortáveis e não engasguem.

[91] Ver Kafka, 1963.

[92] Por vezes há razões práticas para essa atitude. Um dos operários com quem conversei — aliás, inteiramente por acaso — me contou que, para ele, uma promoção significaria um prejuízo considerável. Explicou-me que as operações mecânicas lhe permitiam "compor uns sambinhas" enquanto trabalhava. Uma promoção significaria ter responsabilidade sobre o trabalho alheio, o que o impossibilitaria de exercer sua arte. Significaria também a perda dos ganhos com a venda das músicas. Em síntese, uma promoção implicaria não só um empobrecimento espiritual, mas também um empobrecimento financeiro.

[93] Ver Anders, 1969.

[94] Ver Löwy, 1989.

um engenho cuja função é não ter função alguma. Sentem-se como o agrimensor que já não é a pessoa K., mas um ente, uma figura dramática, uma peça do sistema.[95] Não são só as mobílias, os edifícios, os equipamentos que lhe são estranhos. Para ele, os outros são elementos do sistema, são alheios, indiferentes. O agrimensor chama pelo mesmo nome — Artur — os ajudantes que se tornaram indistinguíveis. Como as outras coisas, o trabalhador não tem nome próprio. Ele é um substantivo comum.

Essas pessoas, como os personagens de Kafka, não consideram que fazem um trabalho socialmente útil. O que esperam é o aumento da precariedade e a diminuição da criatividade.[96] O trabalho é sempre o trabalho-*labor*, sacrifício, nunca o trabalho-*opus*, realização.[97] A ineficácia e a monotonia são sua marca.

Josef K. só é notável por sua incompetência, e a atividade dos demais não passa da repetição mecânica dos mesmos movimentos. Na *Amerika* os empregados passam o dia trancados em cabinas telefônicas. Os trabalhadores taylorizados da atualidade passam o dia em postos de controle. Ambos só mexem os dedos e o fazem tão rapidamente que o movimento chega a ser desumano. Como os ascensoristas do Hotel Ocidental,[98] que se limitam a apertar botões, não sabem, nem se importam com o resultado de tamanha diligência.

Estranho no mundo do trabalho, cindido entre o viver e o poder viver, conformado à engrenagem, o assalariado kafkiano nem mesmo vê como possibilidade a ascensão, o reposicionamento dentro da máquina produtiva. Não se esforça para isso porque não lhe parece lógico aspirar a ser uma peça dominante, a ser um objeto essencial do sistema.[99] Não lhe parece racional ser um subalterno graduado. Resignado ao plebeísmo, para sobreviver ele se vê compelido ao trabalho ignóbil.

Já foi observado[100] que a intelectualização dos trabalhadores e a aristocratização do trabalho são dois fenômenos mutuamente condicionados. Também foi observado que a função principal da casta qualificada não é o controle da produção, mas dos outros trabalhadores.

---

[95] As relações entre a organização e os empregados são sempre vistas de forma muito mais negativa pela média dos entrevistados. Na comparação direta perdem de aproximadamente 3 para 1 quando comparadas às relações com clientes e fornecedores. Ver Thiry-Cherques, 2000.

[96] Ver Thiry-Cherques, 2000.

[97] Essa categorização foi formulada por Hannah Arendt (1989) ao contrapor *vita* contemplativa a *vita* ativa. Esta última compreende: a ação, a atividade ligada à pluralidade, relacionada com a vida pública; o trabalho-*opus*, ligado à não-naturalidade da existência humana, relacionado com o produto, e o trabalho-*labor*, ligado à atividade biológica do corpo humano, relacionado com a labuta.

[98] Ver Kafka, 1965.

[99] Kafka desprezava solenemente os *Respektspersonen*, os respitáveis burgueses com ares de nobreza.

[100] Ver Gollac, 1998.

A intelectualização do trabalho é fruto tanto das novas máquinas flexíveis e computadorizadas quanto da multiplicidade de normas variáveis, que devem ser interpretadas de acordo com as circunstâncias. No sistema de produção artesanal, o trabalhador estava preso às restrições impostas pela natureza e pelos limites das técnicas e habilidades humanas. Na produção taylorizada, estava preso às restrições diretamente ligadas à organização: trabalho repetitivo, controle estrito de horários, proibições quanto a circular, fazer, falar. No fordismo, o trabalhador curvava-se às restrições ligadas à máquina: automação, cadência ditada pela esteira, ritmo da cadeia de produção. Na informatização, o trabalhador vê-se apanhado pelo fordismo em outra dimensão: ele contempla e ordena a produção de dentro do sistema. Ele é um item, um ingrediente. O trabalho não é mais uma mercadoria, é uma *commodity*: uma equivalência intercambiável.[101]

O trabalhador — a peça-chave do sistema — tornou-se permutável mediante a informatização. Cada vez em maior número, os processos produtivos são operados por famílias de *softwares* compatíveis. Da mesma forma que operamos uma planilha a partir do nosso conhecimento sobre processadores de texto, o trabalhador informatizado está habilitado a operar um sem-número de processos produtivos. Pouco importa o que está ligado ao computador — um torno ou uma copiadora, uma prensa ou um posto de venda —, o que se opera são ícones: a máquina de informar se autotraduz para a de operar.

As competências da informatização diferem das competências da produção especializada por serem idênticas entre si e comuns a muitos setores e corporações. Essa convergência dos ofícios desqualifica o trabalho no que ele tem de mais precioso e ligado à vida: a sua individualidade.

No diálogo com teclados e monitores, o trabalhador não se encontra mais numa prisão, mas num deserto infinito. Desaparecidas as fronteiras entre os diversos mundos do trabalho, restaram apenas as franjas, as zonas de sombra que se superpõem. As formas de trabalho criaram espaços de compreensão recíproca, distantes da participação do trabalhador especializado comum.[102] O novo trabalhador-utensílio não se limita a se comunicar entre as tarefas, a dar instruções, a relatar o que acontece. Com a automação, a tarefa consiste ela mesma em comunicar, não em fazer. E se comunicar é justamente o que o sr. K. não consegue fazer.

---

[101] Provavelmente por isso é que os que seguem essa estratégia informam uma percepção sobre o avanço tecnológico bem pior do que a da média. Contra 76% do total de entrevistados, somente 61% dos que adotam a estratégia acham que a tecnologia evoluiu positivamente.

[102] Ver Zarifian, 1996.

Os trabalhadores permutáveis, os comuns do sistema, vivem em uma esfera de ameaças, em uma esfera de violência latente. A violência kafkiana, a violência invisível dos vizinhos que espiam tudo que se passa, a violência física dos subalternos — porteiros, amanuenses, suboficiais[103] — foi substituída pela coerção da autoridade do artefato, pela linha de produção severamente autocontrolada, pela técnica abstrusa que aprisiona o tempo, humilha o homem e aponta para um destino ignorado.

O taylorismo e o fordismo democratizaram o trabalho nivelando-o por baixo. Tornaram irrelevantes a iniciativa do trabalhador, a escolha do método baseada em conhecimentos tradicionais, a habilidade pessoal, a inteligência e a boa vontade. As formas de produção moderna desqualificaram o ser humano. É possível que a idéia inicial fosse transformar todo mundo em trabalhador, mas o resultado prático é que o trabalhador passou a ser qualquer um, passou a ser um néscio, ainda mais anônimo do que os descritos por Kafka.

Max Weber escreveu[104] que o mundo racional é o mundo dos homens especializados, que "o que está em marcha é a ditadura dos burocratas, não a do proletariado". Nisso ele se enganou. A realidade é mais dura. A cultura técnica[105] não admite a cisão entre a vida e o sistema. Afasta e isola quem age nesse sentido. O mundo em que se verifica a interpenetração da racionalidade não-instrumental e da racionalidade instrumental torna-se cada vez mais inalcançável para os que não querem ou não podem conciliar vida e trabalho.[106]

Graças ao progresso técnico, os sistemas pós-fordistas acabaram transferindo o anonimato também para o gerente, para a peça-chave do sistema. A nova "inteligência produtiva" — a intelectualização do trabalho — cimentou a fissura entre o operário executante e o gerente planejador, substituindo-os pelo trabalhador auto-suficiente. À medida que a integração computadorizada da produção acaba com a especialização funcional via integração perpendicular e plana em tempo real (baseada em computador), novas habilidades, como a especialização flexível,[107] a politecnia

---

[103] Ver Janouch, 1985.

[104] Apud MacRae, 1975.

[105] Cultura técnica é "o 'pano de fundo' das decisões técnicas dentro da empresa (...) o 'reservatório de saber' partilhado intersubjetivamente pelos agentes técnicos de uma organização, ao qual remetem os enunciados técnicos, por ocasião de uma tomada de decisão". Ver Valle, 1996.

[106] Com a intelectualização da produção, a sobrevivência no trabalho "depende de capacitações amplas e mesmo dos traços de personalidade dos atores" (Valle, 1996). Os dados sobre a percepção do nível cultural mostram que, para 86% dos que adotam essa estratégia de sobrevivência, o nível cultural é igual ao dos outros setores, contra 66% da média. Isso confirma o que pude inferir nas entrevistas: nessa forma de ver, a cultura técnica como fator de diferenciação está desaparecendo por ter-se tornado inútil, obsoleta.

[107] Ver Piore e Sabel, 1984.

e a polivalência passam a ser determinantes. O trabalhador, antes já aviltado enquanto peça no processo produtivo de uma organização específica, é ainda mais anulado ao ver-se como engrenagem intercambiável entre organizações e setores, ao ver-se capturado como peça de um maquinário infinito.

Ponto de fuga

A infinitude é um vão sem fim, um carrossel que leva a parte alguma, que anda em círculos sem descanso, sem trégua. Não há conforto em recusar o sistema, como não há conforto no fato de as comunicações emanadas do castelo ou de o motivo pelo qual Josef K. estar sendo processado serem ininteligíveis.[108] As perspectivas são sempre sombrias. O estranhamento, a inconciliável cisão entre vida e trabalho, a indiferença e a submissão resignada não deixam alternativa a não ser o afastamento.

A estratégia de sobreviver via cisão entre a vida e o trabalho deriva mais da aceitação do absurdo do que do absurdo em si. Como decidir em um mundo que não faz sentido ou que conspira contra mim? Num mundo ininteligível, o dilema se resume em sair dele ou seguir com a corrente: em aceitar o discurso, em render-se ao interdito da produção autoritária, em deixar de viver.[109]

Infelizmente, o mundo do trabalho é um mundo de onde não se pode fugir. O sr. K. está preso, mas "nada o impede de ir ao trabalho. Nada o impedirá de levar uma vida ordinária".[110] A existência ordinária implica a aceitação do sistema e de seus valores, mas não implica a integração com o sistema. O sistema é terrível, é o "mundo do ele" de Buber,[111] autor que o próprio Kafka considerava "lúgubre".[112] Enfim, a vida não está no sistema nem é possível no sistema. Viver a plenitude da vida seria sair do sistema, mas não há como.

---

[108] As percepções dos valores do mundo da vida estão em geral bem abaixo da média para a atualidade e para o futuro. São francamente pessimistas quanto à possibilidade de valores como o trabalho, a honestidade, o equilíbrio e as amizades terem alguma valia no sistema. Ver Thiry Cherques, 2000

[109] O exame da percepção dos fatores econômicos daqueles que aderem a essa estratégia indica que a rentabilidade, tanto hoje quanto no futuro, é tida como o fator preponderante. Essas pessoas atribuem uma importância muito acima da média à rentabilidade. Levando-se em conta a percepção sobre a pouca importância atribuída aos valores do mundo da vida e que as entrevistas deixam claro que o que interessa à empresa é o dinheiro — o resto é decorrência ou tática para se conseguir maior nível de acumulação —, evidencia-se empiricamente o quadro de um universo contraditório, de um mundo sem sentido. Ver Thiry-Cherques, 2000.

[110] Ver Kafka, 1963.

[111] Ver Buber, 1970.

[112] Ver Pawel, 1986.

Indiferença

Ou talvez haja. Tudo é incerto. O trabalhador não tem em relação ao trabalho senão dúvidas.[113] São interrogações simples: o que será do meu emprego com os jornais noticiando a cada dia novas tecnologias? Deveria o sr. K. dedicar-se a assuntos do banco quando o seu caso está sendo julgado? Como me precaver contra uma velhice de necessidades? Como entrar no castelo? O que o chefe espera de mim? Como enfrentar os juízes? O que está acontecendo? Como agir? Nesse redemoinho de inseguranças, só resta uma certeza: a de que, no universo distante e frio do sistema, não há escolha moral possível. Ou melhor, que a única escolha capaz de propiciar a manutenção da sanidade mental é a da indiferença.

A indiferença moral manifesta-se de quatro maneiras diferentes: a não-reação às mudanças do mundo exterior; a passividade ante as ameaças representadas pelas mudanças tecnológicas e pelas novas formas de organização; a conformidade consciente aos constrangimentos impostos pelo sistema; e a ética como obrigação exclusiva do mundo da vida, que cessa ante os valores do sistema.

A não-reação é o deixar-se levar, o flutuar sobre as mazelas da vida.[114] É a marca da indiferença estóica. Para os estóicos é indiferente o que não pertence nem à virtude nem ao vício, o que é moralmente neutro. A estratégia de sobrevivência kafkiana, que considera a vida e o sistema como mundos separados, supõe que seus valores não sejam intercambiáveis. Seus seguidores têm uma consciência oblíqua de si mesmos e de seu lugar no mundo.[115]

A passividade ante as ameaças aos valores do mundo da vida é o segundo modo da indiferença. A aceitação das mudanças tecnológicas e das novas formas de organização do trabalho aparece aqui como uma fraqueza, como uma rendição. É a indiferença da falta de vontade, da abulia. É a indiferença de K., que se conforma em ser julgado sem nem mesmo saber se cometeu um crime.

---

[113] O somatório dos fatores negativos da vida nas organizações é francamente majoritário para os que se enquadram nessa estratégia. Uma interpretação possível para esse fato é que, em vez de ser visto como pessimismo, o modelo é caracterizado por um ceticismo sistemático, uma sensação de incerteza decorrente da própria cisão entre o mundo da vida e o sistema.

[114] Essa não é a indiferença da submissão, uma vez que os que adotam a estratégia pensam que o poder vem perdendo importância, substituído por outras formas de coerção, como a imposição de procedimentos padronizados de atendimento, de qualidade etc., relacionados a fatores não-econômicos da produção. Ver Thiry-Cherques, 2000.

[115] "Consciência oblíqua" é a denominação dada por Brentano à consciência simultânea de um fenômeno observado ou sentido e daquele que o observa ou sente. As coisas nos aparecem nebulosamente como vividas de forma atravessada, podendo ser ou não deliberadas, ser ou não apropriadas ao contexto, ser ou não garantidas pela evidência e assim por diante. Ver Smith, 1999.

O terceiro modo, a conformidade consciente aos constrangimentos impostos pelo trabalho à vida, parece mais uma opção intelectual ante o inescrutável e o inevitável. O tédio é a fonte desse tipo de indiferença: a do temperamento que se desligou das coisas, para o qual tudo é ou se torna igual. As pessoas se rendem à máquina do mundo, ao disposto, ao estabelecido, ao que transcende as nossas possibilidades de compreensão e de influência, à circunstância não de se sentir, mas de se ter transformado em inseto.

Finalmente, há a indiferença resultante da experiência, do esforço intelectual da maturidade. Essa indiferença se aproxima do ideal da *quies mens*, da quietude ou tranqüilidade do espírito. É o mesmo quietismo que remonta aos budistas, passa por Alexandria, pelos gnósticos e pelos místicos alemães do século XIV. Seu ponto de partida é a convicção da impotência. A impotência perante Deus, a impotência ante a razão universal, ou a impotência ante o destino. Sua exteriorização é o silêncio. O silêncio da palavra, o silêncio dos desejos, o silêncio dos pensamentos. É uma disciplina que leva à aparência de gravidade e sabedoria, mas não passa de uma defesa ante a ininteligibilidade da vida. Em um mundo onde a fala é a chave do êxito ou da punição, defende-se melhor aquele que não se manifesta, aquele que aparenta não ter dúvidas sobre o que acontece e sobre o que faz, aquele que finge saber por que está sendo julgado. Ou, mais rudemente, como reza o ditado português: no mundo do trabalho melhor calar, porque não há como distinguir entre o sábio que cala e a besta que não fala.

A fuga para a indiferença implica uma cisão de outro nível: a que se dá entre os sentimentos e as convicções. A responsabilidade moral jogada sobre a tradição e o legalismo não esconde a disposição absolutista, de princípios fixos. Nessa perspectiva, da mesma forma que uma proposição é intrinsecamente verdadeira ou falsa independentemente do nosso reconhecimento do seu valor de verdade, uma ação é eticamente correta ou incorreta independentemente da nossa apreensão do seu valor moral.[116] Trata-se mais propriamente de se livrar da discussão moral. As justificativas dessa indiferença são conhecidas: as coisas são assim porque sempre foram, porque a lei obriga ou porque é lógico que sejam.

A indiferença empurra a moral para fora do trabalho. A ética é vista como um elemento da vida, não do sistema. A ética está, como a vida, fora do trabalho.[117] A

---

[116] Essa a síntese da ética brentamiana. Ver Smith, 1999.

[117] O principal fundamento encontrado no conjunto pessoas de referência, e que coincide com o fundamento do absolutismo teórico, é a convicção de que o que faz os seres humanos diferirem dos demais seres da natureza é o fato de as pessoas terem uma dignidade especial, baseada na sua habilidade de escolher o que farão de suas vidas. Na expressão kantiana, o ser humano é um escolhedor de si. Em decorrência, as pessoas têm o direito moral de ver tais escolhas respeitadas. Cada ser humano é detentor de razão, e da razão advém o fundamento do seu dever e do seu direito moral. Ver Kant, 1974.

tendência é propor o moralmente aceitável como inerente ao ser humano, isto é, como despido de interesses extrínsecos. Em outras palavras: para os que tendem ao absolutismo ético, a idéia de que os valores morais derivam e dependem de valores não-morais e mesmo de que os valores morais são condicionados e derivam de algo extrínseco é inaceitável. Essas idéias contrapõem-se diretamente à convicção de que os valores morais são incondicionados, de que derivam da liberdade do agente moral de se auto-regular.[118]

É um formalismo que propõe a irrelevância do conteúdo material das ações — história, tradição, costumes — para o julgamento do caráter moral de uma prática ou de um ato isolado. Um formalismo que faz desaguar a imparcialidade, ou uma pretensa imparcialidade, em indiferença e desprezo. O sentido vulgar do respeito à individualidade (ao "espaço individual") desvirtua a idéia kantiana da dupla finalidade: a de que as pessoas devem ser tratadas como fins em si mesmas e de que a moral tem um sentido, uma finalidade — a dignidade das pessoas.[119]

Doublethinking

O ser humano é em grande medida o trabalho que executa. Ter emprego é ser reconhecido. E não ser reconhecido pelo sistema significa a anulação social. Daí o terror da perda do emprego. Samsa é um caixeiro viajante e lhe perturba deixar de sê-lo. Ele se humilha continuamente perante seu chefe. Importa-lhe mais o emprego do que se transformar em uma barata. O emprego determina a função social do sujeito e o qualifica como ser. Perdendo-se o emprego, perde-se a condição humana.[120]

O emprego garante a vida material. Para viver, primeiro devemos buscar o sustento e a segurança. Como nunca a alcançamos, ficamos prisioneiros. A vida está

---

[118] É essa falta de liberdade do espírito, mais do que qualquer outro traço, que é mais facilmente identificável nas pessoas que compõem o conjunto de referência. Expressões como "assumir a responsabilidade por seus atos", "depende de cada um", "podia ter escolhido outro caminho" são de uso freqüente. Ver Thiry-Cherques, 2000.

[119] Ver Kant, 1974. Apontam para a primeira direção preceitos tidos como importantes pelo conjunto de referência, tais como os de "não esconder informações essenciais", "propiciar liberdade de escolha" e "o auto-respeito" (ele ou ela não se respeita), bem como o repúdio ao uso de pessoas "como cobaias", a demissão de idosos ou desvalidos e as agressões ambientais. Aponta para a segunda direção o caráter transcendental, mesmo quando não religioso, da perspectiva ética. Tanto a idéia de que o fim último da natureza humana é a perfeição, qualquer que seja o entendimento do que venha a ser perfeição, quanto a idéia de que essa perfeição não é, ou pode não ser, alcançada nesse mundo e nessa vida. Ver Thiry-Cherques, 2000.

[120] Ver Isaakson, 1974.

aprisionada pelo sistema. Mentalmente, construímos torres de Babel para sair do mundo do sistema. Mas a muralha antecede a torre.[121] Sem a proteção contra a intempérie social, estamos obrigados a permanecer, estamos todos presos ao sistema.

Mas, se não posso sair, tento expulsar os outros. O agrimensor do castelo expulsa os ajudantes, mas eles tornam a entrar pela janela até que ele, cansado, desiste. Não há sequer uma saída psicológica, como tomar a vida como sonho. Kafka teve o cuidado de fazer seus personagens sonharem justamente para evidenciar que o que descrevia era a realidade, não um sonho. É verdade que Samsa escapa. Mas como inseto, como não-humano.

Não podendo escapar e não podendo permanecer, o assalariado kafkiano vive um impasse constante. Um recurso para esse impasse é oferecido em outra página memorável da literatura, em um mundo tão complexo quanto o de Kafka: o mundo imaginado por George Orwell no livro *1984*.[122] O recurso para estar e não estar no sistema é a habilidade ou o defeito do duplo pensar (*doublethinking*).

O termo foi cunhado por Orwell para descrever um futuro no qual as pessoas seriam induzidas a crer em dois conceitos contraditórios. É uma conduta que está além do disfarce dos verdadeiros sentimentos, e do pensar de uma forma e agir de outra. É um operar em direções opostas: aceita-se a lógica, reproduz-se o discurso do sistema, mas vivencia-se outra realidade. No duplo pensar, a condição de sobrevivência mediante a cisão com o sistema ultrapassa a opressão do mundo. Recusa-se a conformidade sem nada ter para colocar em seu lugar. No limite, é uma sobrevivência sem sentido. Um simples existir além da própria duração vital. Uma interioridade sem objeto.[123]

Mas essa não é uma solução possível para os que não podem conciliar vida e trabalho. O estranhamento, a cisão, a indiferença transformam a convivência com o sistema em ritual, em uma liturgia sem conteúdo. O final do trabalho, saldado com um "mais um dia" cumprido, tem o condão de devolver a vida que ficou em suspenso. Quando o trabalho termina, a liberdade está de volta. E a liberdade da sobrevivência é a liberdade dos estóicos e dos existencialistas. É a liberdade de escolher que atitude tomar diante de determinado conjunto de circunstâncias. É a liberdade de negar a integração, de se recusar a entregar a vida. Não a de sobreviver no sistema, mas a de sobreviver ao sistema.

Estranhos ao mundo do trabalho, cindidos entre o viver e o sobreviver, entre o sentimento e a razão, indiferentes ao que possa ser certo ou errado, a alternativa óbvia

---

[121] Ver Kafka, 1965.
[122] Ver Orwell, 1974.
[123] Ver Adorno, 1962.

é retirar-se do trabalho. Mas, já vimos, isso não é possível, porque a sobrevivência física e, em grande medida, a sobrevivência social dependem da permanência no sistema, de se estar presente, de vestir a camisa, de prestar atenção, de conhecer e seguir a liturgia comunitária.

Em 17 de julho de 1916, Kafka escreveu em seu diário: "estou condenado não só à morte, mas a defender-me até a morte".[124] Na perspectiva do afastamento do sistema, estamos condenados à anulação. Não temos outro remédio a não ser nos defender dela até o fim. A única lógica para o sr. K é sair de onde está: ascender, ser atendido, ir para casa etc. O mundo da vida é lá fora, mas não há como escapar. O caminho que resta é o de varrer o sistema da mente.[125] O assalariado kafkiano permanece no sistema em corpo.[126] Em espírito, há muito emigrou para dentro de si mesmo.

---

[124] Ver Kafka, 1963.

[125] Não se sai do sistema, mas também não se integra ao sistema. A comparação entre os que adotam a estratégia e os demais trabalhadores indica que a qualidade e a produtividade serão cada vez mais importantes e que a coragem e a dedicação ao trabalho perderão importância no futuro. Mas o mais interessante é a importância atribuída pelo conjunto de referência à flexibilidade, o fator que permite, ou melhor, que simboliza a convivência sem integração entre a vida e o sistema.

[126] Uma das obras inconclusas de Kafka iria se chamar "Comprovação de que é impossível viver". Ver Pawel, 1986.

4

Weber profissional

O conceito de profissionalismo foi estabelecido nos primeiros anos do século XX, quando a vida cotidiana prenunciava o fim da *Belle Époque* e vaticinava a catástrofe da guerra que estava por vir. Aqueles foram anos libertários. Uma época em que o mal-estar havia se instalado na cultura. Procurava-se a autonomia individual, o governo do próprio destino, a ponte para a soberania de si mesmo. Foram anos de esforços ansiosos por construir vínculos com qualquer coisa que permitisse escapar de uma operosidade sem outro propósito que o da sobrevivência material.

Símbolos de um momento na trajetória da humanidade, quando, em 7 de junho de 1905, um grupo de artistas de Dresde autodenominou-se *Die Brücke*[127] — a Ponte —, pretendendo apenas proclamar a intenção de uma experiência espiritual e emocional. Mas expressou o espírito da época. Fartos da academia, impregnados de rebeldia, esses artistas lançaram sua ponte sobre o tempo, até Albert Dürer e os ícones germânicos, e sobre o espaço, até a arte inédita da África e da Oceania.[128] O expressionismo, incisivo, cromático, que então se fundou na Alemanha não estava só. No mesmo ano os *fauves*, liderados por Matisse, expuseram no *Salon d'Automne*. O cubismo apareceria em 1906. A estética da máquina e da violência do futurismo, de Marinetti, em 1909.

As pontes que então se estenderam procuravam a saída para uma vida social tão mecânica quanto a das abelhas (Maeterlink, 1901). Cumpriram as travessias mais inesperadas. Para o Oriente, onde padecia abandonada madame Butterfly (Puccini, 1904), para o tempo perdido (Proust, 1913), para o interior da angústia humana (Wilde, *De profundis*, 1905), para o cerne do espírito (Bergson, *La evolution créatrice*, 1907), para a essência da alma (Freud, *Psicanálise*, 1910). Perseguiram desesperada-

---

[127] Integravam inicialmente o *Die Brücke* Ernst Ludwig Kirchner (1880-1938) e Erich Heckel (1883-1970). Mais tarde, juntaram-se ao grupo Otto Müller (1874-1930), Max Pechstein (1881-1955) e Emil Nolde (1867-1956).

[128] Ver Galloway, 1974.

mente a veracidade, fosse a da pintura absoluta (Kandinsky, 1908),[129] fosse a da linguagem (Saussurre, *Lingüística geral*, 1916), fosse a do pensamento apodíctico (Husserl, *Fenomenologia*, 1913).[130] Queriam alcançar a certeza de tudo.[131]

Depois houve a guerra e as pontes foram destruídas ou se dirigiram a outras margens. Apreendeu-se, aprendemos todos, que a única certeza é que as certezas são impossíveis. Os devaneios românticos e revolucionários se perderam ao longo do século XX. Restaram uns poucos sonhos e uma visão do mundo idealizada. Restaram algumas idéias. Entre elas, a do profissionalismo. Uma idéia que procede do desencanto do mundo, da insensibilidade da economia e da desumanização das organizações. Que espelha o ideal de sobreviver espiritualmente em uma sociedade centrada na materialidade econômica, subordinada à frivolidade e regida pelo absurdo dos totalitarismos.

O profissionalismo atravessaria o século XX como tentativa de manter a confiança em um mundo incerto e agressivo. Nele confluiriam duas vertentes conceituais. Uma intelectual, de domínio do conhecimento, que vem dos mestres da Antigüidade, passa pela Revolução Industrial e chega até nós como sinônimo de eficiência e seriedade. Outra, procedural, do reconhecimento e da responsabilidade, que vem da *ars romana*, se consolida nas guildas, passa pelo trabalho de ofício e chega ao século XX como sinônimo de autonomia e confiabilidade. Da primeira vertente, procede o entendimento do profissionalismo designativo do corpo de conhecimento teórico, do treinamento técnico, da competência, da *expertise*, da justa remuneração e do julgamento racional. Da segunda, o profissionalismo ligado à independência, ao reconhecimento institucionalizado, ao compromisso, à disciplina, à legitimação entre pares.

Para descrever o que veio a ser o profissionalismo, tomei como referência o trabalho, o método e a pessoa de Max Weber. Um dos pais fundadores da sociologia, intelectual de integridade irretocável, vítima da melancolia que marcou o início do sécu-

---

[129] Que liderou outro grupo expressionista, o Cavaleiro Azul: *Der Blaue Reiter*, fundado em 1912. O *staff* editorial do *Der Blaue Reiter* começou com Franz Marc (1880-1916) e Wassily Kandinsky (1866-1944). Faziam ainda parte do grupo August Macke (1887-1914) e Paul Klee (1879-1940).

[130] Os anos 1900-14 são de um dinamismo cultural alucinante. Desde 1900, ano da grande exposição de Paris, com a sua Torre Eiffel, até o episódio de Sarajevo, que marca o início da Grande Guerra, a Europa fervilha. O metrô de Paris é inaugurado (1900), o *art nouveau* se firma, Thomas Mann publica *Os Buddenbrooks* (1901), Marie Curie entra para a Sorbonne (1906), Monet pinta as *Ninfas*, Dreyfus é reabilitado, Picasso, Braque e Matisse definem a plástica do século XX, Walter Gropius prepara a arquitetura e o *design* contemporâneos, que irão ser os da Bauhaus. São dessa época os balés de Igor Stravinski (*O pássaro de fogo*, de 1910, *Petrouchka*, de 1911, e *A sagração da primavera*, de 1913). Ainda no meio da guerra, o Manifesto Dadá alertaria contra todos os manifestos (1916).

[131] *Vorremmo una certezza*, escreveria Ungaretti (1975) anos mais tarde.

lo XX, Weber é geralmente excluído das leituras filosóficas devido às suas proposições sobre o relativismo histórico e sobre a impossibilidade da escolha racional dirigida ao politeísmo dos valores. Pelas mesmas razões ele é obrigatório como leitura sociológica. As abordagens holísticas,[132] como o funcionalismo[133] e o culturalismo, que imperaram sobre grande parte do pensamento na segunda metade do século passado, fizeram, ilegitimamente, do trabalho de Weber um empório de idéias e de justificativas. O mesmo fizeram as contracorrentes que vêem no indivíduo o centro do universo e na escolha racional o umbigo do mundo. Não atentaram para o fato de que, para Weber, o indivíduo só existe como ator social, como agente — ativo, mas também passivo — do que acontece na sociedade.

A diversidade das causas que incidem sobre a vida no mundo do trabalho e a multiplicidade das respostas sociais que balizam a visão weberiana da economia e da sociedade descrevem o profissionalismo que chegou até nós como uma das formas que os trabalhadores encontram para resistir material e espiritualmente às pressões dos sistemas econômico e institucional que aí estão. O profissionalismo é uma das alternativas intermediárias entre a rendição e a adesão ao sistema. É uma tentativa de estabelecer um diálogo entre os trabalhadores e as organizações. De pautar um convívio racional, em que o sistema e a vida se realizariam em esferas diferentes, em que a interação entre a vida e o sistema consistiria numa ponte que ligaria a realidade espiritual e a realidade material, de forma que duas lógicas — uma da vida, outra do sistema — poderiam coexistir.

Divido a exposição sobre o profissionalismo em três partes. Na primeira — a ponte —, examino o profissionalismo como sociabilidade, como laço entre interesses afins e como modo racional de coexistência. Na segunda — no arame —, procuro identificar as tensões que incidem sobre essa forma de convívio entre o trabalhador e as organizações. Na última — o portal —, discuto a situação do profissionalismo como estratégia de sobrevivência num contexto econômico e institucional que cada vez mais prescinde do ser humano.

A ponte

A ponte liga, mas não une. Relaciona sem juntar. Supera, mas não anula a distância entre as margens. Por mais sólida que seja, seus dois termos jamais se encontram. A

---

[132] As que partem do princípio de que os atores sociais são regidos pelas condições da totalidade social.
[133] Principalmente o estruturo-funcionalismo de Parsons.

forma profissional é uma maneira de atravessar o vácuo entre a vida e o trabalho. O espaço profissional constitui um espaço revelador de um profundo mal-estar que domina as relações interindividuais na sociedade pós-industrial. Para muitos dos que vivem o mal-estar da sociedade, como se viveu o mal-estar da cultura no começo do século XX, o profissionalismo, a ponte, a ligação entre a vida e o sistema sem que um se imponha sobre o outro, constitui um caminho para a sobrevivência, um abrigo para o espírito ante os constrangimentos do mundo do trabalho.

O mal-estar do início do século XX residia em que o ser humano, que havia tomado consciência de si como ente cultural, se encontrava impossibilitado de se realizar em sua plenitude. Procurou, então, atravessar as pontes do ego reprimido, da vida amordaçada, da sociedade cristalizada. Fosse a *suffragette* tolhida politicamente, fosse o trabalhador prisioneiro do formalismo insensato, fosse o marinheiro escravizado do couraçado *Potemkin* ou, como mais tarde explicaria Freud,[134] fossem os vitimados pela combinação de libido sublimada e agressividade contida que havia gerado uma "neurose social", todos queriam escapar, mudar de vida, atravessar para o outro lado.

Vivia-se o destempero insurgente contra a sociedade lúgubre, presumida, insossa. Emblemático da insubordinação, o expressionismo levou às últimas conseqüências o ideário romântico da alforria da consciência objetiva, do grito primal (*Ur-schrei*), da emancipação da vacuidade.[135] Trouxe a arte para o campo do conhecimento e do propósito racional.[136] Quando *Die Brücke* se dissolveu em Berlim em 1913, a transição para a outra margem da arte tinha se firmado.[137] Também a razão técnica, com Bleriot, já atravessara a Mancha, os impérios coloniais já tinham começado a ruir, as anquinhas haviam desaparecido e o profissionalismo se abrira ao trabalho como uma forma de sobrevivência que permitiria a sociabilidade sem a intimidade, a afinidade sem a cumplicidade, a racionalidade sem a insensibilidade.

A sociabilidade

A sociabilidade se realiza em várias esferas. Na mais básica, é um atributo da espécie, como a sociabilidade dos primatas, que é essencial à vida num ambiente hostil. Na

---

[134] Freud, 2000.

[135] Ver Elger, 1994. Lênin (1979) pregaria a revolução, afirmando que "o único princípio organizativo sério tem que ser este: rigorosa clandestinidade, escolha minuciosa dos inscritos, preparação dos revolucionários de profissão".

[136] Ver Kandinsky, 1969.

[137] Ver Elger, 1994.

esfera do grupo, a sociabilidade deriva do que os antropólogos chamam de "destreza social", isto é, das habilidades necessárias à vida com padrões cambiantes de organização, em culturas que evoluem e se transformam.[138] Por fim, na esfera intelectual,[139] a sociabilidade é uma faculdade superior, algo que podemos desenvolver e deveríamos cultivar.

Em sua conferência sobre a política como profissão, quando disse que a política é a arte do possível, Weber ressalvou que o possível só se alcança se somos capazes de desejar o impossível. É nesse sentido, o de atravessar a ponte entre o possível e o impossível na sociabilidade humana, que se lança a ponte do profissionalismo.

A sociabilidade profissional é a capacidade de integrar uma organização sem que seja necessário a ela alienar a vontade, o espírito. É a aptidão de conciliar sentimento e necessidade. Com o avançar das formas de organização que suprimem a convivência física e pasteurizam as relações sociais, a sociabilidade do consórcio distanciado, do contato efêmero, se firmou como maneira de sobreviver ao peso exagerado atribuído ao "mercado" e à "competitividade",[140] que, internalizados pelas organizações, vêm sendo absorvidos sob a forma medieval da justa, da competição entre pares. A sociabilidade profissional é uma forma de sobreviver ao *peer system* contemporâneo, que não é um sistema de companheirismo, mas de disputa pelo poder e pela remuneração. O páreo. Como o dos cavalos.

Na corrida pelo êxito, a habilidade de conviver com o diverso e o mutante — a sociabilidade — veio a se tornar mais essencial para a sobrevivência no trabalho do que a atualização tecnológica, do que o conhecimento, do que as habilidades operacionais. É o que permite que sobrevivamos sem cair nos extremos da ruptura ou da adesão aos valores do sistema. É a opção que resta ao equilíbrio entre o dever e a conveniência, a opção reservada aos hábeis, aos socialmente destros, aos que lançam pontes e constituem elos sem se envolver afetivamente com a organização em que trabalham.[141]

---

[138] Ver Carrithers, 1995.

[139] Ver Humphrey, 1976.

[140] Quanto maior a formação acadêmica dos entrevistados nas pesquisas a que me referi, mais esses fatores são vistos como nocivos, e, embora possam ser aceitos como necessários no atual estágio da economia, são tidos como algo que deve ser abandonado no futuro, quando a idéia da concorrência deixar de contaminar (colonizar) as relações de trabalho. Há a esperança de que o trabalho-*labor* venha a ser substituído pelo trabalho-*opus*.

[141] A convivência harmônica, o espírito de equipe — e também certo corporativismo — são extremamente valorizados pelos que integram o modelo. Na pesquisa sobre a eticidade (Thiry-Cherques, 2000), no item relativo aos fatores mais importantes para a organização e o trabalho, vê-se que os que adotam a atitude profissional, embora atribuam um grau elevado à qualidade, à produtividade e à competitividade, acreditam que esses fatores têm importância declinante.

As afinidades

Sociabilidade profissional consiste em lançar pontes, em estabelecer ligações, sem que, de fato, o profissional se integre, sem que se una ao corpo da organização, seja ao corpo tangível das instalações e do salário, seja ao corpo intangível dos laços pessoais. O profissional não faz da empresa a sua casa,[142] não se avassala a ganho burocrático, diferencia coleguismo de amizade e rege o seu engajamento[143] nas organizações como um compromisso, como uma promessa (*promittere*) recíproca (*con*). Como um *commitment*, que não é um abandonar-se, mas uma relação sob contrato, envolvendo deveres, benefícios e lealdades condicionais.[144]

A relação profissional é um liame, não uma fusão. É, ou deve ser, uma escolha, não um dever. Traduz um vínculo opcional: uma afinidade eletiva.

O constructo "afinidade eletiva" tem uma história agitada e um significado preciso. Foi cunhado pelo químico sueco Torbern Olof Bergman[145] para denominar uma propriedade das substâncias químicas que se ligam a outras devido a certas qualidades próprias, não generalizáveis. Em 1809 foi tomado emprestado por Goethe para servir de título a um romance[146] e desde então vem sendo associado às simpatias e aversões humanas. Entrou para o saber social pelas mãos de Hegel, que no parágrafo 754 da *Ciência da lógica*,[147] quando trata das medidas auto-subsistentes, diz que o conceito de afinidade eletiva — típico da química porque as substâncias químicas se determinam exclusivamente por sua relação com as demais substâncias e existem somente como diferentes das demais — pode ser estendido à música e a toda correlação qualitativa em que a diferenciação seja dada pela relação com um conjunto de elementos onde haja afinidade com cada membro da série. Na música, explica Hegel, cada nota existe em relação e como diferente das demais, consistindo a harmonia nesse "círculo de relações". Cada nota individual é a chave do seu próprio sistema e,

---

[142] Em *A casa e a rua*, o antropólogo Roberto DaMatta (1991) chama a atenção para a divisão ético-cultural que nós, brasileiros, fazemos entre a "casa" e a "rua". Comenta que tendemos ao englobamento. Sentir-se bem no trabalho é sentir-se "em casa". Os trabalhadores entrevistados nas pesquisas a que venho me referindo que adotam a atitude profissional são uma exceção. Procuram ocultar ou combater esse sentimento.

[143] Engajamento no sentido que lhe dá Sartre, de dedicação a um propósito mediante escolhas livres.

[144] Ver Wallace, 1995.

[145] Bergman (1735-84), entre outras coisas, é o descobridor do mineral torbenita.

[146] Goethe, 1999. O romance é uma história sobre relações conjugais e adultério. Lembra, em algumas passagens, as *Ligações perigosas*, de Laclos.

[147] Ver Hegel, 1969.

simultaneamente, elemento secundário dos sistemas das demais notas. As harmonias, quaisquer harmonias, são resultantes de afinidades eletivas.

A par da sociabilidade remota, o profissionalismo encerra justamente esse tipo de afinidade por escolha. Uma atração em que a unidade, o indivíduo, se determina pela diferenciação dos demais trabalhadores e se liga harmonicamente a outras instâncias, como a empresa ou a agência governamental, que, para todos os propósitos, são secundárias em relação a ele mesmo. O profissional é aquele que constrói uma ponte entre a sua vida e a das organizações. Que sobrevive ao sistema mediante a interiorização da dominante do capitalismo, uma tônica que reza que o empregador tirará o máximo proveito da força de trabalho, recompensando-a com o mínimo possível, e que o trabalhador deverá fazer o mesmo: dar de si o mínimo pelo máximo de recompensa que puder obter. As afinidades entre o trabalhador e o trabalho são resultantes de uma combinação de interesses, de uma eleição, não da empatia, muito menos do afeto.

A mais conhecida utilização do conceito de afinidade eletiva foi a de Max Weber, quando esclareceu a relação entre idéias e interesses. Weber[148] discordava de Marx, para quem as idéias são expressão de interesses. Pensava que as idéias não se originam de interesses e, sim, que, se uma idéia — tenha ela a origem que tiver — não se coaduna com os interesses dos membros de determinado estrato social, não tem com eles afinidades eletivas, ela simplesmente é abandonada. A ética protestante e o capitalismo não se implicam mutuamente, se não convêm um ao outro.[149] Da mesma forma, o mundo das organizações e o da vida são mundos afins, que se mantêm cada um em sua margem.

As relações entre essas instâncias derivam de uma interpretação sistemática da racionalidade e de sua articulação histórico-cultural em vários domínios sociais.[150]

---

[148] Ver Weber, 1974b.

[149] Ver Löwy, 1989.

[150] Os conceitos-chave que informam essa articulação são o do domínio social e o da afinidade eletiva. Para Weber, a sociedade é fragmentária e contraditória. Não pode ser apreendida em sua totalidade. O foco das análises sociais deve, portanto, recair sobre "domínios de ação", seja sobre as esferas da vida — o governo, a religião, as leis, a economia —, seja sobre as organizações — a família, as empresas, a vizinhança —, seja ainda sobre os grupos de *status*. A tarefa analítica é compreender os limites e as possibilidades desses domínios, sua gênese, sua conformação e as relações que os domínios mantêm entre si. Relações que ora são antagônicas, ora são afins, relações que derivam de afinidades eletivas. Embora nas traduções correntes, principalmente na de Parsons para o inglês, a expressão "afinidade eletiva" apareça significando a combinação ou a interação de duas condições culturais, o conceito é bem mais complexo. Compreende: uma atração; uma escolha recíproca; uma combinação. Foi usado por Weber em vários contextos. Ver Buss, 1999.

Os antagonismos e as afinidades entre os domínios permitiram a Weber retratar vivamente os atributos dos profissionais, como os do servidor público — dever, pontualidade, tarefas ordenadas, hábitos disciplinados —, os do *ethos* das organizações de vizinhança — assistência mútua e fraternidade econômica em situações de crise —, ou os da burguesia — oposição a privilégios de berço, igualdade formal de oportunidades. A integridade moral, a ação "sem ressentimento e sem preconceito", a objetividade caracterizam o profissional, aquele que vive da e para a profissão, que dela aufere seu sustento e que a ela se dedica inteiramente.[151]

Mas essas são configurações da época do surgimento do profissionalismo; da época dos funcionários prussianos, do sistema de moradias unifamiliares. E as afinidades são cativas do seu tempo e da sua situação. Os elos de significado em uma ocasião e circunstância podem não ser os mesmos em outra. Rimbaud — que inspirou todo o final da *Belle Époque* e cuja poesia alimentou a tristeza da arte da guerra, atravessou os *années folles* e influenciou o surrealismo — criou uma lista de afinidades entre cores e sons — "A noir, E blanc, I rouge, U vert, O bleu..."[152] — que é, no mínimo, enigmática. As fronteiras não são claras. *Beruf*, a palavra alemã para "toda sorte de atividade diretiva autônoma" que se refere tanto à conquista quanto ao exercício da direção, pode ser traduzida por "profissão", e também por "vocação".[153] A escolha do que é afim é circunstancial. As opções são estreitas, as alternativas imponderáveis.

Com propriedade, o surrealista belga René Magritte denominou "afinidades eletivas" um óleo em que um ovo substitui o pássaro dentro de uma gaiola.[154] O pássaro que ainda não é está predestinado. Nascemos prisioneiros de escolhas, de circunstâncias. As afinidades entre as organizações e os indivíduos são hoje diferentes do que eram quando do nascimento do profissionalismo como conceito. Vivemos em outro tempo, em outra cultura. Quando nos voltamos para o mundo que aí está, para os resultados das investigações que procedemos, as afinidades entre os interesses das organizações e os interesses profissionais aparecem como transacionadas segundo uma lógica diversa, segundo uma racionalidade que envolve cálculos, relações e valores muito mais complexos do que aqueles que marcaram o aparecimento do profissionalismo.

---

[151] Ver "A política como vocação", discurso proferido por Max Weber em 1918 na Universidade de Munique, em Weber, 1974a.

[152] No soneto *Voyelles*. Ver Rimbaud, 1945.

[153] O título da obra seminal de Weber (1974b) tanto pode ser entendido como "A política como profissão", quanto como "A política como vocação".

[154] Magritte dizia que a afinidade entre o ovo e a gaiola devia-se à forma, não ao conteúdo, mas o surrealismo não deve ser explicado e sim sentido. Ver Stake, 1995.

As racionalidades

A racionalidade já foi definida de muitas formas. E todas convergem para uma teoria de escolha de meios e processos que levem a determinados fins. Nenhuma resolve o problema de que, para que haja racionalidade, os meios, ou os fins, ou ambos devem ser racionais, isto é, devem ser fruto de racionalidade, que é justamente o que se quer definir. Também as tentativas de remeter a racionalidade a uma razão fundante fracassaram. Nada conseguiram, salvo levar o problema para o campo de uma das mais árduas disputas filosóficas: a de se saber o que vem a ser a razão.[155]

Para ser breve e evitar a armadilha de uma discussão cismática, direi que o entendimento do que deve ser a razão varia segundo as inúmeras escolas de pensamento e mesmo dentro delas, podendo a razão ser analítica (classificatória e dedutora), concreta (o que a diferencia do entendimento, que é abstrato), crítica (por se criticar a si mesma, como em Kant), dialética (procedente do desenvolvimento histórico e cognitivo, como em Hegel, Marx, Sartre), prática, teórica e, assim, *ad libitum*. Talvez tivessem razão os megáricos, que propunham a razão como *ignava ratio*, "razão preguiçosa". Diziam não valer a pena inquirir sobre coisa alguma, porque ou bem se desconhece o objeto que se busca, e então não se pode orientar a pesquisa, ou bem se conhece o objeto, e então não faz sentido procurá-lo. Seja como for, não é possível definir a racionalidade recorrendo a qualquer dessas escolas de pensamento. Ao contrário, elas fazem o conceito dar uma volta sobre si mesmo, já que, em todas elas, a razão parece ser exatamente o que racionalmente convém à razão ser, e nada além disso.

Essa dificuldade levou a que, nas teorias sociais e humanas, o conceito de racionalidade se abrisse em um leque de possibilidades mais ou menos conseqüentes. Mais ou menos porque, como não se pode evitar uma pressuposição, seja de método — a premissa dos meios racionais —, seja de fins — a premissa do propósito racional —, os esforços teóricos têm caminhado no sentido de uma definição por exclusão, de uma definição da racionalidade pela supressão do que se poderia considerar irracional, a saber: escolhas sem sentido lógico (teoria da decisão); custo e tempo da busca de informações superiores aos ganhos previsíveis da decisão (análise de custo-benefício); submissão a conflitos de interesse (teoria dos jogos); e eliminação de improbabilidades (cenários).

No final do século XX, a economicidade acrítica do neoliberalismo levou à redução de toda racionalidade à racionalidade maximizadora. Buscou-se, e ainda se busca, o ótimo não só dos bens materiais, mas do poder, dos afetos e de tudo que possa

---

[155] Ver, por exemplo, Olivé, 1988.

parecer desejável. Ora, para Weber, só a racionalidade instrumental é maximizadora. Há todo um campo do racional e do não-racional que nada tem a ver com a maximização. O que depreendo da análise do cotidiano dentro das organizações concorda com essa posição. O que se verifica na prática é a coabitação de várias racionalidades, que eventualmente buscam a maximização, mas que também buscam o equilíbrio, a estabilidade, a inversão de sentidos, o repouso. De resto, não é preciso insistir em que o ótimo social é função de especificidades de lugar e tempo. Em que não há um ótimo cultural e em que não há regra externa para o ótimo vital.

Na prática (o que se pode verificar empiricamente), a atitude profissional está aquém da discussão teórica. A dificuldade com que se defronta deriva da hesitação entre pelo menos três racionalidades divergentes.[156] De um lado, a racionalidade econômica impõe uma eficácia produtiva que desconhece os limites do sentimento e da integração social. De outro, a racionalidade social impele para uma pauta concertada de convívio, sem o que a vida se torna uma tortura. Por fim, a racionalidade privada clama pela possibilidade, ainda que limitada, de auto-realização. Na vida profissional, o cálculo econômico, a integração sociocultural e a subjetividade buscam incessantemente encontrar afinidades, forjar uma harmonia, construir uma ponte que os ligue.

Cálculo

A racionalidade do cálculo e da controlabilidade foi descrita por Weber como *Zweckrationalität*, ou racionalidade relativa aos fins que são meios para outros fins.[157] É uma razão científica e técnica, uma razão que se sabe incompetente para emitir juízos de valor. A racionalidade é para Weber tanto *explanandum* — a explicação dos processos sociais — quanto *explanans* — a racionalização do mundo desencadeada por esses processos. É a racionalidade formal-instrumental do Estado, da economia, das organizações e das decisões privadas, e que desemboca no "espírito coagulado" do capitalismo monetizado, na "jaula de ferro" da vida "juridificada" em que estamos contidos e nessa "escura noite polar" quantificada que a humanidade atravessa.

Essa racionalidade daria a regra de formação dos conceitos e enunciados da história e da sociologia, do "racionalismo específico e particular da cultura ocidental".[158]

---

[156] Ver Dejours, 1998.
[157] Ver Weber, 1930.
[158] Ibid.

Horkheimer[159] a denominou "razão instrumental". Foi julgada abjeta pelos frankfurtianos, que diziam que a racionalidade instrumental atesta a perda do "interesse emancipatório" universalista e substantivo da razão. Infelizmente, eles não disseram como é possível desconsiderá-la no mundo em que vivemos.

No outro extremo do espectro ideológico, a racionalidade instrumental foi tida como imperativa. Milton Friedman[160] a identificou como a capacidade de se manter operante — de sobreviver materialmente — mediante a obtenção de ganhos maiores do que os investimentos. Ele não se pronunciou sobre como chegar a tal capacidade sem se perder o que há de moral no humanismo básico. De forma que a racionalidade do cálculo, inescapável para o profissionalismo, esbarra exatamente na inconstância da própria lógica que propõe, uma lógica que se equilibra entre o devaneio e a iniqüidade.

Intersubjetividade

Também é de Max Weber a oposição entre a racionalidade instrumental e a *Wertrationalität*, ou racionalidade absoluta dos valores indicativos das preferências. Idealmente, essa racionalidade é que deveria reger a vida social. Mas ela padece, ainda mais gravemente do que a racionalidade do cálculo, do problema de como fundamentar por que certos fins seriam considerados "racionais" e outros não. Para resumir a questão: se pretendermos, por exemplo, que essa determinação seja dada pela justiça, ou pela igualdade ou por qualquer outro valor, o fim seria eticamente preferível — isto é, teria valor por si mesmo —, o que não o tornaria necessariamente racional (o amor é preferível ao ódio, mas não é mais racional do que este).

Prático, Weber sustentou que a determinação dos fins seria dada pela experiência de vida e pela forma de se comportar dos demais. Mas como sempre é possível utilizar métodos racionais para fins irracionais e vice-versa, a questão da racionalidade da conduta continuou em aberto. Anteriormente a Weber, Hegel, no argumento conhecido como "ardil da razão", tinha oferecido uma solução para o problema.[161] Dizia ele que o homem particular, que age em seu próprio benefício, isto é, irracionalmente em relação ao universal, acaba por sucumbir enquanto o universal permanece, se

---

[159] Diferencia a razão da "mera" razão instrumental que depende das razões (o método que se usa para alcançar os fins).
[160] Ver Friedman, 1962.
[161] Hegel, 1953, t. 1, p. 77.

haurindo das resultantes das ações particulares em conflito. De tal forma que a razão do mundo faria com que as paixões individuais, as irracionalidades particulares, obrassem por ela. A razão instrumental serviria à razão substancial. Pena que a engenhosidade dessa solução não evite que ela dependa do convencimento da progressão dialética do mundo, uma convicção sensata, mas uma convicção, e nada mais do que isso.

Posteriormente, na década de 1950, Arrow[162] sustentou, com fundamento, que a racionalidade coletiva, ou "transitividade da razão", é uma ficção. Que ela só seria possível mediante a autoridade ditatorial sobre as vontades particulares,[163] mediante a submissão da razão social a uma razão particular. Isto é, que a razão coletiva ou bem é razão ou bem é coletiva, o que, logicamente, é um absurdo.

A subjetividade

Ainda que esteja convencido da impossibilidade de racionalizar o mundo e a vida, o ser humano não pode ou não quer admitir o fracasso. Isto porque a busca de uma racionalidade nas relações de produção não reflete apenas o desejo de agirmos logicamente e de nos mantermos em conexão uns com os outros, mas também o imperativo de estarmos em contato com nós mesmos, com nossa identidade pessoal, com nossa história de vida. Estirada em direções opostas, entre o cálculo e a vida em comum, a racionalidade subjetiva vê-se compelida à escolha entre a fragmentação desconexa e a auto-restrição, mas não cessa de procurar pontes que conciliem esses extremos.[164]

Uma das várias dicotomias que tentam sintetizar o conceito de racionalidade foi desenvolvida por Herbert Simon.[165] A partir da idéia-força de racionalidade limitada (*bounded rationality*), Simon, March e seus associados sustentaram que as escolhas racionais são multicriteriais, isto é, não se fundam na exclusão de um critério em benefício de outro, mas na ponderação de um em relação a outro. Que a escolha é uma seleção que "não evoca qualquer processo consciente ou intencional. Ela mostra simplesmente que, ao escolher este ou aquele tipo de ação, o indivíduo renuncia

---

[162] Ver Arrow, 1974 e 1983.
[163] É o velho problema da determinação da vontade geral, tratado por Rousssseau.
[164] T. S. Eliot (1888-1965), nos versos de *East cooker* (1936) dá a exata medida desse sentimento de reinício, de inarticulação, de desordem, de imprecisão: "*Is a new beginning, a raid on the inarticulate/ With shabby equipment always deteriorating/ In the general mess of imprecision of feeling*".
[165] Simon, 1982.

inevitavelmente a outras alternativas".[166] A idéia do racional em si é abandonada em favor da racionalidade condicionada, do agir mais racional possível em uma dada circunstância.[167]

Simon cunhou a expressão "racionalidade substantiva" para se referir ao conceito de racionalidade tal como utilizado na economia, e "racionalidade procedural" para se referir ao conceito tal como utilizado em psicologia. O comportamento racional substantivo aproxima-se do racional instrumental, chegando mesmo a se confundir com ele, já que é definido segundo os fins pretendidos e restringido somente pelas condições do ambiente onde tem lugar. Já o comportamento racional procedural resulta de uma reflexão. Ele depende do processo que o gera, não do ambiente onde se desenvolve. É uma resposta não-impulsiva aos estímulos afetivos e cognitivos. É um cálculo, mas um cálculo não dirigido aos fins, senão que fundado em processos cognitivos como a aprendizagem, a resolução de problemas e a elaboração de conceitos.

Não obstante a sensatez dessas formulações, até onde pude verificar nas pesquisas a que venho me referindo, o enfeixamento dos processos "racionais" subjetivos deságua em uma interação de equilíbrio precário, em uma pseudo-racionalidade, ou, no máximo, em uma racionalidade tão sutil que passa despercebida. A racionalidade subjetiva, na prática, se determina negativamente, isto é, ela se dá pela supressão da irracionalidade — dos dogmas, crenças, superstições, tradições ou de qualquer proposição não sustentada por argumentos inteligíveis.[168] Weber denominou a não-racionalidade "politeísmo de valores". Esse politeísmo leva ao isolamento espiritual do ser humano, à perplexidade ante as escolhas dos valores que adotamos dos ideais que emprestam sentido à vida. Seja como for, a suposição de uma escolha racional, que jamais deixou de ser isso mesmo, uma suposição, vem sendo questionada até como hipótese válida.

Há tempos argumenta-se que, para que o termo "racional" possa ser aceito como predicado da escolha humana subjetiva, teria que ser tão elástico que suprimiria apenas o mais louco irracionalismo. Já no começo do século XX, na época do surgimento do profissionalismo, Whitehead[169] questionou a necessidade de que o profissional

---

[166] A racionalidade é limitada no nível psicológico pela capacidade humana de informação e reflexão; no sociológico pelo sistema de categorias de percepção e apreensão, constitutivos da formação individual; e no cultural pela estrutura de valores do meio em que se realiza. As escolhas são restringidas: pela capacidade de elaboração da informação; pela capacidade de cálculo dos seres humanos; pela complexidade relativa do ambiente em que a escolha ocorre. Ver Simon, 1983.

[167] Ver Crozier e Friedberg, 1977.

[168] É claro que "argumentos inteligíveis" são a mesma coisa que argumentos racionais, o que significa o retorno ao sem-fim da razão fundante, que precisa de uma razão normativa que a funde etc.

[169] Ver Whitehead, 1919.

refletisse demoradamente sobre suas ações, uma vez que "a civilização tem avançado pelo aumento do número de operações que podemos realizar sem pensar nelas". Mais adiante, Schumpeter argumentou que o instinto era uma das principais qualidades do empreendedor.[170] Recentemente, essa posição ganhou força com o questionamento não da racionalidade, mas do próprio ato de escolher. Há evidências[171] de que, no mundo econômico contemporâneo, a ação tem primazia sobre a escolha. Isto é, de que as decisões em um mundo de economia volúvel têm que ser tão rápidas que não podem ser tomadas com base em ponderações conscientes. De que elas são baseadas em *expertise*, na perícia resultante do instinto e da experiência.[172]

No arame

Por trás da frieza ostensiva do profissionalismo há uma tensão constante. O profissional procura a convivência, o não-conflito entre duas esferas contraditórias de valores. Para alcançá-la, não pode permitir que os valores da vida e os do sistema se fundam ou se subordinem. Muito menos pode buscar um improvável meio-termo aristotélico entre valores e interesses diversos.[173] O profissional procura vivenciar dois mundos simultaneamente, vive no arame, equilibrando-se entre duas realidades, vive uma cultura bipartida.

As dificuldades decisórias de viver culturalmente em dois mundos equivalem ao tipo de atribulação que Weber chamou de "guerra dos deuses". Ele achava que a vida "não conhece senão o combate eterno que os deuses travam entre si (...) não conhece senão a incompatibilidade dos pontos de vista últimos, a impossibilidade de regular os seus conflitos e, conseqüentemente, a necessidade de se decidir entre um ou outro".[174] Assim sendo, seria inútil tentar confrontar os valores de religiões, culturas, situações diferentes. A cultura, no sentido que lhe dá Weber, é um "conceito-valor",

---

[170] Ver Schumpeter, 1934.

[171] Ver Lane, Malerba, Maxfield e Orsenigo, 1996.

[172] *Expertise*: o profissional das organizações distingue-se por "tocar de ouvido". Ver Barnard, 1961.

[173] Nas pesquisas a que venho me referindo, no que tange à percepção sobre os elos com os demais atores do sistema, os que se enquadram no que denomino atitude profissional tendem a uma visão mais equilibrada, sem tocar os extremos de ótimo e ruim da amostragem geral no que se refere aos concorrentes, e mais para os extremos de ótimo e ruim nas relações com os clientes, de interesse mais direto da organização. A tendência para a autonomia também é indicada tanto na visão negativa das relações com os governos quanto na visão positiva das relações com os demais empregados e com a comunidade, atores mais próximos do mundo da vida.

[174] Ver Weber, 1959:32.

isto é, seu conteúdo está aberto a interpretações.[175] Nós construímos o conceito dando-lhe significados pela "ordenação intelectual do empiricamente dado" e separando-o do "infinitamente inapreensível processo do mundo".[176] Não só mudam as culturas como muda aquilo que reconhecemos como cultura.[177]

O que podemos fazer para sobreviver em uma cultura bipartida é reconstruí-la a cada passo, nos equilibrando entre os "deuses" em luta. Ora, para o profissional, essa luta se dá em duas instâncias: a que contrapõe a tradição à atualidade tecnológica e econômica, e a que contrapõe as formas de trabalho solidárias ao tipo de relações sociais nas organizações contemporâneas. É na corda bamba do equilíbrio instável resultante dessas oposições que caminha o profissionalismo.

Tradição e atualidade

O que chamamos de racionalidade varia segundo modo e lugar. A racionalidade, ou a aparência de racionalidade, é dada pela lógica do todo. A racionalidade dominante na cultura ocidental, a do capitalismo, a da busca de lucros e da sua multiplicação, que gera e depende de instituições — como as organizações industriais, a separação entre as áreas onde negociamos e aquelas em que vivemos, a contabilidade, o trabalho formalmente livre —, necessariamente tem que ser a mesma racionalidade para a ciência, o treinamento militar, a administração, a contemplação mística e a ética. Pouco importa que o capitalismo atual tenha perdido "qualquer significado religioso e ético" e adquirido um "caráter de esporte".[178] O que ficou foi um sistema de causação circular, no qual o progresso técnico, a estandardização, a rotinização da vida, o cálculo — a racionalização, enfim — produzem a especialização, a fragmentação e ten-

---

[175] "Cultura" para Weber é um segmento finito da realidade, recortado da infinitude inalcançável do mundo. Um segmento a que os seres humanos conferem sentido e significância. Esse entendimento, se, por um lado, segue a tradição de opor o cultural ao natural, o valorado ao que é dado pela natureza e o indivíduo à totalidade, por outro, é inteiramente inovador em relação às definições correntes. Evidencia o caráter incerto e mutável do conceito de cultura, sua permanente destruição e reconstrução. Ver Arnason, s.d.

[176] Scaff, 1989:85.

[177] Quando, portanto, tentamos compreender os valores de um indivíduo ou de um grupo, devemos considerar que esses valores correspondem a uma cultura particular, a uma visão do mundo diferente da nossa, e que ambas as culturas, a observada e a do observador, estão em transformação. A tarefa de deslindar os traços culturais requer, por isso, um esforço metodológico considerável. Weber propõe superar essa dificuldade construindo tipos-ideais, isto é, reduzindo a complexidade da economia e da sociedade a recortes lógicos.

[178] Ver Scaff, 1989:90.

sões éticas de toda sorte, que são resolvidas mediante mais racionalização, mais rotinização, mais cálculo, em um ciclo sem fim. A racionalização de tudo é como uma jaula de ferro.[179]

Em uma perspectiva muito mais limitada, mas de igual natureza, os que buscam no profissionalismo a via de convivência com o sistema se deparam com uma dicotomia similar.[180] O estilo de vida determinado pela mecânica capitalista engendrou e validou um código de conduta dúplice, lógico em relação ao funcionamento da economia, mas descabido em relação à vida social. Preso em uma jaula de ferro, o profissional equilibra-se em uma tensão lógica, em uma cultura bifronte, regida pelo conhecimento técnico, pela eficácia, mas também por temores, que, como sempre, são os temores do desconhecido. O profissional oscila entre um perigo e outro, entre um medo e outro.[181]

Ao analisar a economia tradicional, Weber escreveu que "é muito intensa a influência que exerce a magia estereotipada do comércio, a grande aversão a introduzir modificações no regime de vida em comum, por temor de provocar transtornos de caráter mágico".[182] Os levantamentos que realizei evidenciam o mesmo fenômeno no mundo racionalizado do capitalismo avançado em que vivemos. De um lado existem as virtudes tradicionais, familiares, que no nosso caso são as virtudes do catolicismo. De outro, temos a entidade "mercado", que hoje encerra o caráter mágico suscitado por aquilo que não se compreende.[183]

O número infindável de determinantes do comportamento dos mercados "fetichizou" o conceito-base do capitalismo. Para os que adotam a postura profissio-

---

[179] Que Weber descreveu na segunda parte da *Ética protestante e o espírito do capitalismo* (em 1906, após visitar a América): "Os puritanos queriam trabalhar por vocação; nós temos que fazê-lo (...) Essa ordem [econômica] está hoje limitada por pressuposições técnicas e econômicas de produção mecanizada, que determinam (...) o estilo de vida do indivíduo nascido nesse mecanismo (...) [que aparentemente é] um leve manto, que pode ser deixado de lado a qualquer momento. Mas o destino decretou que tal manto se tornaria uma jaula de ferro". Weber, 1930:181.

[180] Para os que adotam a atitude profissional, segundo as pesquisas em que me baseei, o nível tecnológico é percebido mais positivamente se comparado à média da população investigada, enquanto a percepção sobre o nível cultural tende a ser substancialmente mais positiva (38% contra 28% acham que o nível é melhor).

[181] Essa sensação de que nos encontramos presos aos mecanismos da produção é evidenciada principalmente pela maior importância que os profissionais atribuem aos fatores tidos como virtudes. A amizade, o otimismo, a solidariedade, a coragem recebem um grau de relevância substancialmente acima da média.

[182] Weber, 1968:310.

[183] Para os profissionais, as perspectivas da economia são vistas sempre positivamente. Por exemplo, a percepção sobre a participação no mercado é francamente mais otimista do que a da média da população investigada (62% acham que aumentou a participação contra apenas 47% da média).

nal como estratégia de sobrevivência, as virtudes do capitalismo estão ou no passado, ou no futuro.[184] Diante da coação do mercado, o trabalhador contemporâneo vê-se compelido a adotar a atitude fria da relação profissional, que o prende à tradição herdada de seriedade e competência. Simultaneamente, o imperativo da sobrevivência material o arrasta para um mundo que valoriza a flexibilidade e a velocidade. As virtudes modernas diferem das virtudes exaltadas pelo protestantismo, mas o problema da coabitação é o mesmo: essas virtudes não se encaixam no quadro resultante da fetichização do mercado.

Indivíduo e sociedade

O segundo centro de tensão que importuna aqueles que procuram manter uma atitude profissional reside na confusa fronteira entre as racionalidades técnico-econômica, social e pessoal. A primeira impera sobre todas as instituições e força sua aceitação pelo mundo da vida, tenta colonizá-lo. A segunda retrai-se sob a pecha do tradicionalismo que perdeu a razão. A terceira afigura-se sem razão, como irracionalidade.

A primeira racionalidade é a da jaula de ferro, da objetivação da cultura material, do "mercado" e de seu "poder inexorável".[185] Mas é também a da prisão mental, em que estamos encerrados por nossa forma de pensar. É a prisão do ser humano especializado, "vocacionado", compelido a abandonar a "universalidade da humanidade" e a viver em um mundo racionalizado, "desencantado". Dependemos social, política e economicamente de organizações "racionais" e de pessoas treinadas nessa racionalidade. A racionalidade instrumental é a chave da nossa cultura.

Mas há uma segunda racionalidade, que se prende aos valores e não aos fins. Weber dizia que "uma coisa nunca é irracional por ela mesma, mas somente quando considerada a partir de determinado ponto de vista".[186] Por isso distinguiu vários tipos de ações segundo o grau maior ou menor de racionalidade: a ação que é racional quanto aos fins que se propõe a alcançar; a ação que é racional quanto aos meios empregados; a ação "afetiva", que é racional quanto aos sentimentos; a ação tradicional, próxima da irracionalidade, já que fundada unicamente no hábito.[187]

---

[184] Ver Thiry-Cherques, 2000.
[185] Ver Scaff, 1989.
[186] Weber, 1930:187.
[187] Weber, 1999, parte 1, cap. 1.

Um comportamento racional não precisa obedecer necessariamente a uma lógica "fim-racional". Pode ser "valor-racional", sempre que seus fins ou seus meios sejam religiosos, morais ou éticos e não diretamente ligados à lógica formal, à ciência ou à eficiência econômica. Essa não-racionalidade, ou racionalidade quanto a valores, está presa às convicções, à religião, e não deve ser confundida com irracionalidade.[188]

Historicamente, no Ocidente, houve uma passagem da magia à racionalidade, o que Weber denominou o "desencanto do mundo", a perda da legitimidade de qualquer tentativa de validação incondicional de valores.[189] A experiência intuitiva do mundo foi sublimada por uma ética racionalizada a partir da religião e do pensamento teórico. O mundo se desencantou. Houve um processo de racionalização e não a prevalência qualitativa de uma dada racionalidade sobre outra. Mas a não-racionalidade permaneceu, e permanece, mantendo a tensão entre o que é valor e sentimento e o que é fim e utilidade.

Chegamos agora à terceira racionalidade: a da conduta ou pensamento que guarda uma lógica apenas aparente. Nossa vida está plena dessas irracionalidades, de comportamentos que não são nem "fim-racionais" nem "valor-racionais".[190] Por exemplo, a forma como organizamos nosso tempo para obter maior eficácia quase sempre prescinde de uma razão, seja quanto aos fins, seja quanto aos valores que afirmamos a nós mesmos serem prioritários. Por outro lado, muitas de nossas ações são irrefleti-

---

[188] Por exemplo, o "racionalismo" está contido na ética chinesa, embora "apenas a ética puritana, orientada para o além do mundo, [tenha levado] às últimas conseqüências a lógica econômica intramundana (...) porque para ela o trabalho intramundano não passava de expressão do esforço por uma meta transcendente". O nível de racionalização de cada religião é dado por seu distanciamento da magia e por sua coerência interna. O protestantismo ascético é o máximo que uma religião pode se afastar da crendice e da magia, enquanto o confucionismo retém o máximo de coerência interna. No protestantismo, a aparente irracionalidade do mundo deve-se a nossa incapacidade de alcançar os desígnios de Deus. Os desígnios de Deus não podem ser compreendidos, mas o mundo tem um sentido dado por Deus. No confucionismo, o mundo é que dá a ética; não há tensão entre o homem, o mundo e Deus (*Tao* = ordem cósmica). Na China, a confiança é baseada nos laços de parentesco e amizade. No protestantismo, o que vale é a comunidade e a "qualidade ética" dos indivíduos singulares. Enquanto "o racionalismo confuciano significa a adaptação racional ao mundo, o racionalismo puritano significa a dominação racional do mundo". Ver Weber, 1982:158. O cristianismo possibilitou uma explicação do mundo liberta do caráter mágico. A vida não precisa ser boa, mas tem que ser lógica. Não aceitamos o "carma", mas aceitamos nossa carga, na esperança "racional" de uma felicidade futura. Há aqui um contínuo entre magia e racionalidade, de tal forma que, quanto menos mágica é a religião, mais seus fundamentos necessitam de uma justificativa lógica. Ver Weber, 1974a.

[189] Ver Weber, 1946.

[190] Por exemplo, o "intelectualismo", que tanto preocupou Weber, não é sinônimo de racionalização. É antes um "enfeitiçamento (*sorcery*) racional" que reduz o mundo à teoria. Abre caminho para a racionalização de tudo, mas, por sua incapacidade de explicar a realidade, também abre caminho para a reintegração do universo mágico via o desenvolvimento das interpretações religiosas.

das: quem utiliza um elevador não precisa saber como funciona. Aceitando o cotidiano como se fosse racional, despreocupamo-nos de conjeturar sobre o propósito de nossas ações. Com o pressuposto da racionalização do mundo, abrimos espaço para o ceticismo, a mistificação, o charlatanismo. Mesmo porque existem "ações afetivas", fins e meios ligados a afetos e a paixões e irracionalidades no comportamento individual (sentimentos) ou coletivo (relações de poder, por exemplo) que correspondem a uma "irracionalidade axiológica", a um "antagonismo dos valores".

Enredados na divergência entre as racionalidades, os que buscam a atitude do profissionalismo como caminho de sobrevivência tendem a desconhecer as esferas da não-racionalidade e da irracionalidade.[191] O profissionalismo, a racionalização das relações de trabalho, acaba dependendo de uma lógica acrobática para se manter acima de uma mistura de tradição e renúncia à nostalgia, de permeabilidade nas relações de trabalho e construção de barreiras às pressões sociais, de firmeza de propósitos e de incerteza quanto ao futuro.[192]

O portal

Em 1907, dois anos depois da formação do *Die Brücke*, Simmel[193] escreveu que a ponte é antes de tudo um atributo do isolamento. Que a ponte seria ilógica e absurda se ligasse o que não está separado. Que ela denuncia e confirma a separação. A ponte, estendendo-se entre dois pontos, prescreve uma segurança absoluta porque mantém a distância e permite o regresso, sendo indiferente para que lado é atravessada.

De fato, os elos sociais, as afinidades e as racionalidades que convergem sem jamais se confundirem, através de pontes ou da corda bamba das racionalidades em conflito, permitem apenas o equilíbrio entre a vida e o sistema, um equilíbrio que deve ser continuamente renovado. Como o balanceamento entre a lógica fria do mer-

---

[191] Ver Freund, 1970. Isso é expresso claramente quando comparamos as percepções sobre os fatores econômicos. Os profissionais tendem a atribuir uma importância muito acima da média às virtudes do convívio.

[192] Quando me detive na comparação dos fatores mais relevantes para os que adotam a atitude profissional em relação à média dos trabalhadores, constatei, de um lado, uma nostalgia das formas de convívio passadas, quando a amizade, a honestidade e o trabalho eram importantes (isto é, tinham uma importância muito maior do que a atribuída pela média dos entrevistados). De outro, vi a aceitação do tempo presente, isto é, dos fatores do sistema — competitividade, qualidade, produtividade — como preponderantes na atualidade. E, por último, percebi que as novas formas de organização, flexíveis, vão ganhar importância no futuro.

[193] Ver Simmel, 1988.

cado e a não-racionalidade afetiva do ser humano é, na prática, impossível, a atitude profissional é um eterno vir-a-ser, uma fantasia que jamais se realiza, o impossível weberiano que se quer realizado.[194]

É a porta e não a ponte, diz Simmel, que pode abolir imediatamente o que está separado e separar o que está unido. A porta pode ser fechada ante as intempéries do social ou franqueada para a liberdade. Como a ponte, a porta admite que se passe nos dois sentidos, mas os resultados são diversos, conforme se resolva entrar ou sair, fechar ou deixar aberta a passagem.

O profissionalismo — a tentativa de resolver a tensão entre valores de origem e sentido diferentes —,[195] que aspirou lançar uma ponte entre duas esferas distintas da existência, terminou por se arriscar em uma travessia sem retorno e abandonou a administração das incertezas em direção ao mundo fechado da segurança do saber técnico, da certificação, da corporação. Não tendo sido possível aderir ao sistema, porque este se tornou o oposto da vida, não tendo sido também possível renunciar a ele, porque o sistema sustenta a vida material, o profissionalismo se aproximou de uma forma de relação de trabalho encapsulada: uma porta autônoma e fechada sobre si mesma.

Autonomia

Nós, os seres humanos, à diferença de outros animais sociais, não só vivemos em sociedade, mas criamos a sociedade para viver. Na sociedade que estamos criando, tanto no plano da sociabilidade quanto no plano interior da eticidade, o trabalho,

---

[194] Ver "A política como vocação" em Weber, 1974a.

[195] Ao comparar a percepção sobre o trabalho dos que aderem ao modelo da conciliação com a da média da população entrevistada reuni as seguintes observações. Corresponde ao passado o trabalho entendido como sacrifício, como ofício e como vocação. As virtudes do trabalho também ficaram no passado, em uma época em que a qualificação e outros fatores econômicos não tinham a relevância que têm hoje. Na atualidade, o trabalho é referido à utilidade, à competição, e sobretudo à qualificação e à criatividade. Bem abaixo da média está a visão do trabalho como um negócio. O que pude deduzir desses dados e, principalmente, das informações obtidas durante as entrevistas foi a existência de uma terceira dicotomia — a par das dicotomias entre a tradição e a economia, entre as pressões do sistema e o convívio —, com a qual os profissionais tentam conviver. Uma dicotomia que reside na ruptura entre a moral econômica tradicional e a ética resultante do processo de formação da cultura do capitalismo. A da cisão entre o discurso moral, que ainda ecoa as idéias de eqüidade (igualdade de oportunidade), de fraternidade (a "grande família" que muitas organizações dizem constituir), de santificação do trabalho (a "força motriz da sociedade") e as práticas de competitividade, não só empresariais, mas também profissionais.

que antes se apresentava como o único elo verdadeiramente operacional de integração entre a vida e o sistema, está perdendo esse privilégio. Os avanços da telemática e os processos autônomos de produção facultaram o trabalho não-presencial, uma forma de trabalho em que as relações profissionais estão progredindo — ou regredindo — para a esfera da intersubjetividade fria, calculista, insensível.

No seu advento, o profissionalismo foi referido somente às profissões liberais. O profissional era uma exceção. Não era um capitalista, nem um empregado, nem um burocrata. No século XV, as ocupações liberal-profissionais eram a teologia, a filosofia, o direito e a medicina. No Renascimento, profissionalizaram-se as artes ligadas às ciências naturais, especialmente à física e à astronomia. No século XIX, as engenharias. Só no século XX o conceito de profissionalismo foi estendido ao pessoal técnico e executivo que atua nas organizações.[196] Foram muitos os formatos sob os quais se manifestou, mas sempre teve o sentido de separação, de distanciamento, de autonomia.[197]

As formas de organização que dispensam o convívio favorecem o trabalho profissional, que ganha força e se institucionaliza. Paradoxalmente, é essa institucionalização que ameaça estrangular a autonomia do profissionalismo.

A autonomia profissional envolve pelo menos quatro instâncias: o controle, a autoridade do saber, o monopólio sobre sua área de conhecimento e a regulação soberana. Controlar significa ter poder sobre alguma coisa. No profissionalismo significa não estar submetido às injunções organizacionais. Esse poder é obtido do conhecimento, tanto do domínio das práticas e do instrumental do ofício, quanto do trânsito no interior das organizações que dependem do conhecimento especializado. Ambos os tipos de conhecimento refletem um monopólio sobre uma área do saber técnico, não no sentido da detenção única do saber, mas no de que esse saber é único e deve ser adquirido segundo regras e normas estabelecidas. Somados, a capacidade de controle, a autoridade do saber e o monopólio levam à autonomia profissional, expressa nas diversas formas de representação e de auto-regulação. Uma soberania que, exercida sobre os novos profissionais que ingressam na organização, fecha o ciclo de realimentação do sistema.

A autonomia não dispensa a vinculação, isto é, não prescinde das relações, inclusive de ordem ética, que o profissional mantém com a organização para a qual traba-

---

[196] Ver Parsons, 1960.
[197] Como os que aderem à atitude profissional projetam a superação do trabalho-*labor* pelo trabalho-*opus*, alimentam a esperança de um forte declínio do trabalho como sacrifício e uma ascensão igualmente forte de fatores como a qualificação, a criatividade e a competição, a realização e a utilidade do trabalho.

lha. Mas implica um vínculo, sem outro compromisso a não ser o que une o resultado à remuneração. Por isso Durkheim, ainda na época do surgimento do profissionalismo,[198] sustentou que a divisão forçada do trabalho na sociedade industrial leva à "corporação profissional", única instituição capaz de gerar uma nova ordem ética para servir de mediadora entre a burocracia do Estado e o indivíduo perdido nas incertezas do mundo do trabalho. Para ele, o profissionalismo não pode existir sem uma disciplina moral que regulamente os "apetites individuais... insaciáveis". Mas uma moral não pode ser improvisada. Ou ela é controlada pelo Estado, ou pela corporação profissional, ou por ambos. E, continua Durkheim com uma previdência surpreendente, não há que se preocupar quanto à adesão ao regulamento profissional, porque uma vez constituída a força coletiva, os que a ela não se submeterem não poderão se manter. Serão expulsos do mercado, diríamos nós hoje, quando as instituições que deveriam garantir a autonomia do trabalho se embaralham nas contradições de sua própria lógica. Quando o profissional, que pretendeu tomar para si a soberania sobre o trabalho da organização a que servia, agora se vê compelido a aliená-la às organizações que deveriam garanti-la.

O empregado que todos os dias repete as mesmas operações o faz, para Weber, por diversas razões.[199] O que legitima a ordem no trabalho se enquadra em uma tipologia conhecida (carismática etc.). O fato de a vinculação funcional do trabalhador ter-se alterado, não ser ou não ser mais dominantemente tradicional, ser sobretudo burocrática, não perde validade com a alternância da vinculação. O trabalhador — empregado ou profissional — pode ter sua vinculação legitimada por quaisquer dessas ordens e por outras, não descritas por Weber. Ele obedecerá necessariamente não à ordem que crê legítima, mas à que crê inevitável.

A luta pela sobrevivência do profissional é diferente da luta pela sobrevivência travada pelo assalariado, mas nem por isso é menos árdua.[200] Se, por um lado, esse traço é evidenciado pelo descolamento entre a vida particular e a vida na organização e pelo valor atribuído à qualidade e ao bom cumprimento das obrigações do trabalho, por outro, afasta o imperativo da realização através do trabalho — da realização profissional — e do reconhecimento da dependência mútua entre organização e trabalhador. A atitude profissional emancipou o trabalhador. Ele já não é mais a peça na engrenagem da produção, é algo exterior, é o ente autônomo: livre, sem dúvida, mas impessoal, intercambiável.

---

[198] Ver Durkheim, 1950.
[199] Ver Weber, 1999, parte 1.
[200] Ver Engel, 1970.

Insulamento

No sentido estrito do termo,[201] existem hoje duas categorias de profissionais: os que obtêm sua legitimação das organizações (do Estado, de corporações, das instituições em geral), e cuja autonomia reside na organização social do trabalho, e os "liberais", que obtêm sua legitimação dos clientes/públicos a que servem, e cuja autonomia está baseada no controle do conteúdo técnico. A profissionalização como atitude de resistência às pressões do sistema buscou a conjunção dessas duas categorias. A primeira vem sendo dada pelas próprias organizações e por uma rede de instâncias formais (associações, conselhos) e informais setorializadas. Regem a segunda o orgulho profissional, decorrente do domínio do *métier*, o treinamento continuado e o reconhecimento expresso nos sistemas de recompensa.

O cerne do profissionalismo contemporâneo permanece sendo o da época de seu surgimento. As conseqüências da profissionalização do trabalho, no entanto, não foram as então esperadas. Como via de sobrevivência espiritual às pressões da economia e das organizações, o profissionalismo continua sua trajetória em equilíbrio precário. Mas agora é arrastado por duas forças mais complexas: a do insulamento da autonomia e a da sujeição às instituições que construiu para reparar a solidariedade perdida.

Liberto do jugo das hierarquias, o trabalhador profissionalizado já não pertence a uma classe, já não integra um estamento. Os profissionais não se circunscrevem ao mesmo estrato econômico. Fora do trabalho, não conservam os mesmos interesses culturais, não vivem no mesmo bairro, nem freqüentam os mesmos lugares. O traço que os distingue tem uma origem objetiva, não sentimental: o profissionalismo, que limita o poder burocrático dos gerentes, reforçando o pluralismo nas organizações, contrapõe-se à alienação pelo envolvimento na produção e representa uma defesa contra a incompetência.[202] Num ambiente com a velocidade de mutação técnica do nosso, o profissionalismo não é uma mera nostalgia do trabalho de ofício. É o anteparo que alguns trabalhadores encontraram para sobreviver à desintegração organizacional e à volatilidade da economia. É uma proteção contra a aleatoriedade dos mercados, as insuficiências das políticas públicas e o despreparo do empresariado.

Mas, como mostram claramente os estudos sociológicos,[203] o profissionalismo, enquanto estratégia coletiva, tende a um "fechamento social" (*social closure*) decor-

---

[201] Ver Freidson, 2001.
[202] O profissionalismo não acarreta maior *turnover* e, parece, causa menos *stress*. Ver Bartol, 1979.
[203] Ver, por exemplo, Larson, 1977.

rente, fundamentalmente, da restrição de acesso a postos de trabalho imposta aos profissionais via certificação legal. Colabora para esse fechamento a existência de um saber seletivo e legitimado pelo Estado que, como no caso da maioria das profissões que requerem estudos universitários, é apropriado por uma parcela da população que detém e controla um segmento do mercado de trabalho.

Esses mecanismos de autoprodução e de "servocontrole" profissional (cabe aos profissionais dizer quem é e quem não é profissional, assim como controlar os seus pares), e a conseqüente criação e reforço de um mercado legalmente restrito — no qual um serviço só é negociável (*marketable*) profissionalmente, isto é, não pode ser comprado ou vendido a não ser de e por um trabalhador certificado —, transferiram a luta pela sobrevivência na organização para a sobrevivência nas associações. Ao contrário do que se pensava, as associações, inclusive os sindicatos, não levaram à desprofissionalização, tornaram-se instituições que visam restaurar os sistemas de exclusão.[204] O fato é que o trabalhador que, conscientemente ou não, buscava se libertar das pressões do sistema por meio do profissionalismo apenas deslocou as fontes de pressão, sem que, com isso, conseguisse atenuá-las.

Se a jaula de ferro a que o ser humano moderno se vê constrangido pelo imperativo do trabalho e pela racionalização do mundo assegura um mínimo de constância às relações entre o indivíduo e a organização, um mínimo de racionalidade em face da insensatez do mundo do trabalho, também apresenta riscos ponderáveis à sobrevivência tanto econômica quanto do espírito. O nivelamento introduzido pela automação está desqualificando o trabalho profissional. Os sistemas computadorizados estão permitindo que trabalhadores sem formação especializada exerçam funções de controle e de produção. Nominalmente, o politeísmo dos valores perde terreno para as normas da racionalidade instrumental. Efetivamente, a racionalidade instrumental, limitada como é, gera novos irracionalismos.

O monopólio do saber e dos demais fatores que caracterizam o profissionalismo está perdendo importância. Isso pode ser socialmente positivo, como a taylorização e o fordismo foram, no seu tempo e em certa medida, positivos por serem democratizantes. Mas o profissional, que desde o assentamento das profissões liberais teve como atributo o contrato efêmero (entre médico e paciente, entre advogado e cliente etc.), que, ao se espraiar pelas organizações, carregou consigo a transitoriedade do convívio, corre agora os riscos inerentes à exacerbação. No mundo desencantado da racionalidade, na sociedade MacDonald,[205] onde o significado do trabalho é medido pelo

---

[204] Ver Raelin, 1989.
[205] Ver Ritzer, 1996.

produto ou pelo serviço que se entrega no balcão da economia, a ponte entre a vida e o sistema foi levantada. O que aí está é uma porta que se entreabre para o provedor de resultados, para o trabalhador *plug-and-play*, para o profissional *hello-and-bye*, para todo mundo, para qualquer um.

5

Maquiavel funcionário

De todas as numerosas razões que animam a luta pelo poder nas organizações, talvez a menos compreendida seja a da busca de segurança. No entanto, uma das formas mais comuns, mas nem por isso mais bem-sucedidas, de sobreviver no trabalho é a ascensão hierárquica. É o caminho dos sagazes e dos menos capacitados, dos expeditos e dos não-empregáveis, dos que sobrevivem em qualquer lugar e dos que não sobreviveriam em outras organizações.

Os estudos sobre o poder nas organizações costumam estar centrados no psicologismo dos estilos gerenciais ou a recair na análise dos sistemas de decisão. Mas o poder é muito mais do que isso. Poder é a capacidade de alcançar os próprios fins, independentemente da vontade dos outros. Quem detém poder controla e sabe utilizar um volume maior de conhecimentos, domina recursos essenciais como a informação e detém meios de prejudicar ou de ajudar os outros. O que documentei nas pesquisas a que venho me referindo levou-me a considerar a questão sob outro ponto de vista: o da contenda estratégica, o da manipulação das forças produtivas em favor de determinados interesses, o da sobrevivência de determinados atores.

O embate político faz parte da vida de todas as formas de organização. Não sendo possível evitá-lo, é essencial ter-se em conta seus movimentos, suas repercussões sobre o trabalho. Por isso, não trataremos aqui do jogo do capital, das informações, das vontades, que constituem e circunscrevem a busca da rentabilidade. Vamos nos deter em outro confronto: aquele que, na obscuridade das veleidades, entre o entusiasmo e a esperança, mas também entre o desânimo e o cansaço, marca os movimentos de autodefesa, de autopreservação.

A luta pelo poder nas empresas, nas agências governamentais, nas instituições sem fins lucrativos é constante. Ela se torna mais evidente no momento em que se prepara uma troca de comando, no momento em que uma nova ordem administrativa vai se estabelecer. Vamos nos concentrar nesse ponto. O ponto em que a astúcia de bastidores vem à cena, em que a força da aspiração e da insegurança interfere no sentido e na intensidade do trabalho.

Por motivos demasiadamente óbvios preferi, neste capítulo, omitir exemplos, fatos e mesmo menções às experiências que me levaram a concluir sobre a adequação dos esquemas de sobrevivência a seguir descritos. Dos autores de cujas reflexões me aproveitei, um recorre a citações históricas ou pseudo-históricas, outro, a um algebrismo inverossímil. Surpreende que tenham chegado tão próximo da realidade observável. Da mesma forma que livremente me apropriei de suas idéias, deixo ao leitor, à sua vivência pessoal, tomar o julgamento que fiz a partir dos dados e informações retirados das pesquisas como descrição objetiva ou como especulação teórica.

Consideraremos, para começar, os tipos básicos de conquista e conservação do poder.

Conquista

Se, com isenção de ânimo, prestarmos atenção na pequena tragédia que se desenrola cada vez que uma pessoa ou um grupo alcança os postos de comando, veremos que, à semelhança das tramas de mistério ou de suspense, mudam os personagens e as circunstâncias, mas certas constantes, certas estruturas parecem se repetir, como se, sem elas, não fosse possível o transcorrer da vida, o renovar-se das instituições. Para além da psicologia dos atores, das motivações e anseios dos personagens, parece haver uma rede de acontecimentos, de situações, que são os mesmos nas pequenas e grandes empresas, nas agências governamentais e nas associações. Sabemos que, como nas farsas, cada nova reapresentação é única, mas é sobre a quase imperceptível estrutura que dá coerência à cena, e sem a qual a seqüência de acontecimentos nos pareceria ininteligível, que repousa o objeto de nosso interesse.

Olhando, então, para essa estrutura subjacente aos fatos que se processam quando da alternância de poder, vamos encontrar um esquema já descrito ou antevisto há muito tempo, na Renascença européia. O esquema dos leões e das raposas, o esquema que Maquiavel expõe no capítulo XVIII de *O príncipe*.

Maquiavel parte de uma idéia simples. Diz ele que qualquer que tenha sido a sua fonte, externa ou interna, o poder nunca é gratuito, sempre é conquistado. Pouco importa que alguém tenha ascendido à liderança por mérito ou por acaso, que se lhe reconheça competência e dedicação ou que um posto lhe tenha sido outorgado por sorte, herança ou conveniência. Só domina, só chega a ser elite, entendendo-se por elite a minoria ocupante das situações estratégicas, aquele que tem força e astúcia, que tem a *virtú*, no sentido grego da *areté*, da perfeição, não importando que a *virtú* seja a perfeição da ruindade, o virtuosismo do mal.

É como leões, pela força, grandeza de ânimo e fé na justiça do propósito, que se caminha para o poder. Decerto Maquiavel não é simpático. Chega mesmo a ser incômodo na crueza de sua argumentação. Mas ele não prescreve, apenas descreve o que observou. Com isso concordam todos que o estudaram, desde Gramsci[206] até Shopenhauer,[207] que comparava a lição de ciência política de Maquiavel à lição do mestre de esgrima que ensina a matar, não a ser assassino. A idéia é incômoda, mas, a bem da verdade, quantos chefes, diretores, presidentes, na luta para se alçarem ao poder, nunca deixaram de agir como leões? É claro que raros dirigentes seguem fazendo uso de práticas como a da tortura ou a do envenenamento. Para chegarem ao poder valem-se de outros meios, valem-se de fórmulas legitimadas pelos sistemas organizacionais contemporâneos, em que a deslealdade e a bajulação são habilidades que contam.

Se é como leões, pela força, que se avança para o poder, é como raposas, colocando a própria sobrevivência acima dos ditames das normas e da moral, que se mantém aquilo que foi conquistado. O que hoje denominamos genericamente maquiavelismo não é senão essa *virtú* que reúne a dissimulação e a astúcia em favor da dominação.

Conservação

O esquema básico de Maquiavel foi retomado por muitos autores. Mas foi Pareto[208] quem, na virada do século XX, melhor o descreveu.

Pareto imaginou que, a par das ações lógicas dos homens, subsistem outras, expressas nos impulsos e sentimentos universais.[209] Argumentou que sobre esses resíduos, como, por exemplo, sobre a continuidade das relações sociais ou sobre a tendência que temos todos de manifestar sentimentos, erigem-se teorias justificativas, racionalizações, invólucros lógicos, derivações que construímos para as atividades irracionais.[210]

---

[206] Ver Gramsci, 1968.
[207] Ver Shopenhauer, 2001.
[208] Ver Pareto, 1932.
[209] Para uma síntese sobre a dicotomia razão/intuição, ver Motta, 1991:49 e ss.
[210] Para Pareto, as escolhas econômicas são lógico-experimentais, mas, argumenta ele, a par dessas escolhas, existem as escolhas baseadas em "teorias" que não podem ser experimentadas. São essas formas teóricas que outorgam a cada sociedade sua forma particular. Entre elas, as principais são as derivações — as argumentações quase lógicas com que os seres humanos racionalizam (dão uma razão *a posteriori*) seus instintos e sentimentos — e os resíduos — o que fica da teoria depois de retirado seu "verniz lógico". Para a descrição das derivações, ver Pareto, 1932:787.

É da análise do uso dessas derivações, dessas fragilidades da razão, que vou me valer para examinar os processos de manutenção da força política. A fidelidade absoluta a Pareto não vem aqui ao caso. Utilizei suas idéias simplesmente porque, transpostas para o ambiente restrito das organizações, parecem mais próximas da realidade observável do que, por exemplo, a higiênica, modelar, classificação elaborada por Max Weber.

Obediência

O primeiro tipo de derivação refere-se à simples enunciação de uma ordem. A apologia da padronização, que beira a anulação completa da individualidade, em favor da eficácia dos sistemas está no cerne dos pacotes de técnicas gerenciais. Tal como os carmelitas, que devem obedecer imediata, voluntária e alegremente,[211] o empregado "moderno" deve pensar com a organização, ou melhor, não pensar. Os tempos modernos saíram do chão das fábricas para a altura dos escritórios.[212] É ponto comum das técnicas atuais a idéia de que cada empregado deve ser um empreendedor. Cada empregado deve ser não uma peça da máquina, mas o próprio motor.[213]

Sendo a natureza humana o que é, grande parte dos empregados, dos funcionários, obedece a uma ordem, a qualquer ordem, emanada dos escalões superiores. Não só por se constituírem de *yes-men*, mas porque confundem o cargo com a pessoa. Como acontecia aos césares, que se divinizavam, a capacidade de mando é transferida do posto para o titular. Por esse motivo, os gerentes tendem a explorar o hábito e a cultivar o mito do herói *a la* Carlyle. Em conseqüência, os maiores absurdos são postos em prática porque o diretor, o gerente (o "homem", ou o "velho", no jargão usual do Brasil) assim o quer. Note-se que não se trata do modelo weberiano de dominação carismática ou de um híbrido de carisma e tradição, mas do uso de sentimentos imaginários ou reais, da manipulação das emoções comuns em favor do propósito de uma dominação nem sempre legitimável.

---

[211] "Obedecer (...) simplesmente e sem discutir, rapidamente e sem demora, alegremente e não por triste necessidade." Constituição dos Carmelitas Calçados, a. xii, 1636, apud Hersch, 1968.

[212] Para uma descrição atual desses processos de unificação do pensamento para um propósito específico, ver Weik e Roberts, 1993.

[213] Ver, por exemplo, Peters, 1990.

Autoridade

É em *O príncipe*, em 1513 portanto, que se propõe pela primeira vez a idéia de autoridade laica, da autoridade como um conjunto de prerrogativas que permitem o exercício do poder temporal. O controle das organizações e das pessoas por um poder pessoal ou institucional constituído para esse fim. Só com Locke, em 1690,[214] se assenta a idéia de autoridade constitucional, legitimada. As muitas formas de sustentação da autoridade, legitimada ou não, têm o mesmo fundamento; o que Durkheim[215] chamou de "necessidade de regulamentação" das relações sociais. Na atualidade, não obstante a degeneração da autoridade em autoritarismo — a personalidade autoritária denunciada por Adorno[216] —, a autoridade é considerada essencial ao funcionamento da sociedade e, sobretudo, das organizações. Acredita-se que o binômio obediência-autoridade, ainda que na forma edulcorada da liderança, abrevia o tempo de resposta da organização aos desafios e às oportunidades que se apresentam à economia e aos negócios. A generalização absoluta dessa crença dificulta, ou mesmo impossibilita, a sua contestação empírica.

O fato é que, por vezes, a autoridade volta às suas origens escolásticas do saber e do poder outorgados, como as sagradas escrituras foram e continuam a ser a autoridade máxima outorgada por Deus aos cristãos. De forma que a invocação de entidades externas ou superiores é o segundo ponto de sustentação dos que ambicionam ou detêm o poder. Na disputa político-partidária, o apelo à divindade, ao líder santificado, nunca deixou de ser utilizado. Apelo que, no âmbito das organizações, surge como menção a instrumentos formais, aos estatutos, como referências a órgãos-matriz, a consultores externos. É o velho recurso à autoridade no sentido da *autorictas* medieval, no sentido da direção das consciências.

Lei

O terceiro grupo de entidades às quais recorrem os dirigentes é formado pelos princípios abstratos. A *justiça*, a *verdade*, a *nação*, do discurso dos políticos, são substituídas,

---

[214] Ver Locke, 1959.

[215] Ver Durkheim, 1998.

[216] Adorno (1969) aponta como marca da personalidade autoritária a disposição para a obediência, a adulação dos superiores, a arrogância, o desprezo pelos inferiores, a rigidez, o conformismo. A personalidade autoritária é intolerante em relação à ambigüidade e se refugia na ordem estruturada, fazendo uso de estereótipos e aceitando as convenções do grupo.

nas organizações, pela *sobrevivência*, pelo *mercado*, pelo *emprego*, pelo *governo*, pela *mídia*. Entidades todo-poderosas, amedrontadoras, espécies de bichos-papões que, como todo monstro, cada um imagina à sua maneira e que, por isso, têm a forma que os pesadelos emprestam ao desconhecido. No limitado entendimento das vítimas das deduções pseudológicas, os dirigentes fazem o que fazem porque a organização precisa sobreviver, porque o mercado assim o exige, porque está em causa o salário de cada um, por imposições governamentais e porque não se pode cair na boca da mídia. O engodo consiste em exagerar o impacto sobre a estrutura da organização, sobre clientes e fornecedores, sobre as autoridades governamentais, sobre a própria sobrevivência no mundo desconhecido e, por isso, terrível, externo à organização. É a conservação das elites pelo medo, tão conhecida do nosso patriarcalismo, do nosso caudilhismo.

Ilusões

Por último, nos esquemas de conquista da adesão e da submissão nas organizações, temos a propaganda, a propagação repetida sistematicamente de fórmulas esquemáticas e imprecisas. Manipulações verbais, ambíguas, metafóricas como os *contatos externos*, a proteção das conquistas efetuadas pelo grupo ou pela organização, a continuidade dos esforços, a "grande família" que formamos (também conhecida modernamente como "a nossa comunidade"). Construções que, interiorizadas, absorvidas pelos trabalhadores, passam a ser exploradas como verdades incontestes, tornam-se esteios da dominação.

Renovação

Com o tempo, entretanto, toda elite se intelectualiza, perde a garra, pouco a pouco vai descuidando de reconquistar a submissão. Leões desdentados e raposas descuidadas ficam vulneráveis. No movimento contínuo das massas, dos funcionários, daquilo que a cruel ingenuidade norte-americana denominou *non-persons*, ou nas áreas de domínio político circunvizinhas, vão-se formando novos grupos de pressão, que, feito leões, irão render a guarda, alijar dos postos os antigos dirigentes, fechar o círculo e iniciar sua própria luta para manter-se no poder.

As ambições financeiras, o alpinismo social ou, como sugeriu Galbraith,[217] a alienação da pessoa à entidade, o desejo de pertencimento, de ser simultaneamente um

---

[217] Ver Galbraith, 1968.

indivíduo e a organização podem ser o motor que dá início à formação de grupos e motiva as pessoas a buscar o poder. Mas nem essas bases, nem os traços psicológicos dos atores são aqui determinantes. É especialmente desagradável para os behavioristas que os dirigentes das organizações tenham perfis tão díspares que as tentativas de enquadramento das personalidades resultem em figuras como o mapa borgiano, que, para ser completo, tinha o tamanho do país. Quando nos isentamos de preconceitos e examinamos a realidade da luta que se desenrola sem cessar, vemos que as belas fórmulas da administração científica, dos preceitos de competência técnica, da gestão compartilhada — perfeitas em seus torneios lógicos — não correspondem à realidade, têm o defeito de não existir. O prêmio, o graal do poder em grande parte das organizações está, tem estado, na dependência da agressividade fronteiriça à violência e da torpeza erigida em sagacidade.

Por isso, quando passamos da forma ao objeto, da questão de como se chega ao poder para a do seu exercício, damos de encontro, inelutavelmente, com o darwinismo político. Ascendem ao poder os mais bem ajustados ao tempo e às circunstâncias, os que o acaso ou a fortuna, como veremos mais adiante, e as habilidades convierem ao momento, os que estiverem mais perto dos centros de decisão e de poder. Segundo uma idéia que deveria ter desaparecido no século passado, as duas coisas se confundem. Só existe uma lógica — a da elite —, e só uma razão — a da força. Ascendem os mais bem adaptados, não os mais aptos.

Cooptação

O ciclo pode ser de longa maturação, o desfecho pode ser retardado, seja pela integração progressiva, a cooptação dos eventuais integrantes de elites embrionárias, seja pela eliminação dos adversários. A cooptação, de longe a mais eficiente arma na conservação do poder, tem o duplo efeito de atrair novas forças e de retirar das massas, do corpo dos funcionários, os seus líderes. Ameaças externas, no entanto, raramente podem ser cooptadas. Aqui o combate profilático é o mais comum. Estratégias preventivas, como a das "pílulas de veneno",[218] relações de compromisso e alianças tradicionais oligopolistas e oligopsônicas são outros tantos avatares do princípio genérico de se favorecer o que não se pode destruir. Não importa, são sempre esquemas provisórios. Em última instância, o próprio tempo se encarregará de renovar o poder. Na

---

[218] A introdução, como nas vacinas, de elementos conflitantes e adversos em pequenas doses com o propósito de manter um ambiente defensivo ou de crise permanente.

verdade, as elites, na concepção de Pareto, não circulam propriamente; as elites degeneram.[219]

Diversidade

As formas de aquisição e sustentação do poder têm, conforme prevaleça uma ou outra, efeitos diversos sobre o trabalho. A ordem, o arbítrio, a disposição das forças produtivas de acordo com uma vontade unívoca só são eficazes em lapsos curtos de tempo.

A tradição dos conhecimentos administrativos demonstra que, da mesma forma que a riqueza genética, a diversidade permite às populações resistirem ao meio. As contribuições variadas, principalmente daqueles que estão mais próximos do processo produtivo, tendem a alargar perspectivas, prever dificuldades, acelerar o processo de adaptação às novas circunstâncias. Há muito que o trabalho deixou de ser a *ars mechanica* do artífice. A produção de bens e serviços, mesmo nas organizações muito pequenas, é função de redes internas e externas de relações, de meios, de técnicas. Na atualidade, dominação imperial e produtividade têm-se demonstrado antagônicas.

Processo alienante

A referência a entidades externas, formais, algo mágicas pode desviar as atenções e os recursos de outros problemas para o da produção. Mas, se o fato de a maior parte de nós se empenhar em tarefas cuja significação e resultados estão fora do nosso alcance tem proporcionado ganhos de produtividade, também é certo que a alienação do homem em relação aos processos produtivos à medida que esses processos se tecnificam deixou de ser conveniente.

Não só por ser moralmente condenável, o que sem dúvida é, mas por ser ineficaz, o processo alienante tem sido crescentemente combatido, muitas vezes pelos que, no passado, de uma forma ou de outra o incentivavam. Mas é preciso não ter ilusões. Enquanto o trabalho for um fator de produção mais barato do que o capital tangível e do que os recursos informacionais — tecnologia inclusive —, ou menos rentável do que o giro do capital financeiro, o recurso da alienação será utilizado tanto para a conquista do poder quanto para a manutenção de níveis de produção.

---

[219] Ver Borkendu, 1941:102.

Métis, a razão maquiavélica

O segundo elemento da sobrevivência pela conquista e pelo uso do poder nas organizações é a sagacidade. Necessária ao jogo político, a *métis* é a forma da razão que é útil na luta pela permanência no trabalho. Essa é uma luta que se dá em muitas frentes. Há pessoas que isolam a vida no trabalho da vida social. Outras que se entregam cegamente, que não têm outra vida que não seja trabalhar. Há os que se distanciam, se profissionalizam. Há os que conseguem se tornar independentes. Cada um se mantém no trabalho e sobrevive ao trabalho como pode.

Dos dados e informações que levantei nas pesquisas que informam o que vou relatando,[220] os mais difíceis de apreender e analisar são os que se referem à sobrevivência política. Denomino "sobrevivência política" a capacidade de algumas pessoas de ingressar e se manter no mundo do trabalho pela via das artimanhas, das aparências, das espertezas. São especialistas em tarefas inúteis, peritos no trabalho que é ou se tornou supérfluo. São pessoas que produzem pouco ou nada, que vivem do esforço alheio, cujo trabalho consiste principalmente em se manter empregadas.

A pesquisa nesse terreno é difícil. A observação direta inexiste. A indireta é impraticável. Questionários e entrevistas são invalidados pela natureza escorregadia das personalidades objeto da investigação. Os truques e expedientes são tantos e tão variados que seria impossível, além de inútil, como veremos, tentar arrolá-los. A única possibilidade de avançar no conhecimento sobre a natureza da sobrevivência política é a análise de seus fundamentos.

Se há um ponto em que as teorias e as observações concordam é o de que a astúcia, e não a razão lógica, é que governa a sobrevivência política. A racionalidade que informa as habilidades, que tece as relações, que permite visualizar e executar as ações que dão o poder de estar e reger as organizações não deriva do *logos*, mas da *métis*, a razão da sagacidade. Os que chegaram a dominar o próprio destino e o dos outros o fazem através dessa inteligência especial.

Falo em sagacidade, em maquiavelismo, em habilidade, mas esses termos são imprecisos. Os gregos falavam da *métis*. Nem a palavra nem a idéia têm tradução. Como era costume, eles a explicavam através de um mito: o da constituição da sabedoria divina. Contava esse mito o seguinte: em determinado ponto da conquista do poder, Zeus uniu-se à astuciosa deusa Métis. Temendo as intrigas de seus inimigos, Zeus a

---

[220] A mais extensa dessas pesquisas visou identificar "modelos de sobrevivência" em indústrias. Estava voltada para a sobrevivência moral em ambiente industrial. Ver Thiry-Cherques, 2000. Outras pesquisas, como a que relacionou o nível tecnológico à produtividade, tiveram como objeto a sobrevivência material. Ver Thiry-Cherques e Figueiredo, 1994.

devorou quando ela engravidou de Atenea. Sua intenção era dupla: livrar-se da concorrência e adquirir a agudeza de espírito própria das mulheres. Nas entranhas de Zeus, Métis deveria advertir sobre quem o tentasse enganar. Depois, Zeus esposou Themis, a deusa das leis eternas, única capaz de impedir que outros pudessem dispor de habilidade e de autonomia para ameaçá-lo. De modo que Métis, dentro de Zeus, o adverte sobre o futuro imprevisível e instável, enquanto Themis, ao seu lado, o adverte sobre o futuro previsível e estável. Esse duplo conhecimento é que permite a Zeus reinar sem rival.

A *métis* serve a muitos propósitos. É um dos fundamentos da ação política, da inteligência maquiavélica. Consiste, em grande parte, no exercício de artimanhas. Desde a Antigüidade, os manuais de sobrevivência política aconselham os mesmos estratagemas: absorver as ameaças virtuais à sobrevivência (casar com a astúcia), cooptar o adversário potencial (devorar a mãe da futura Athenea), estar atento tanto às ameaças à posição na estrutura organizacional quanto às oportunidades de ascensão hierárquica (casar com Themis), entravar burocraticamente o acesso dos outros (criar e fazer cumprir as regras), jogar com a insegurança alheia (aparentar conhecer o futuro). Os que sobrevivem no trabalho pela via da política usam esse tipo de inteligência, essa razão que não se funda na lógica convencional, que não pode ser descrita.

Máximas

No saber administrativo e de condução da economia, a *métis* aparece como requisito dos esquemas de construção, de aprovação social e de conquista do poder.[221] Desde a era dos mitos, construiu-se toda uma literatura sobre os pequenos truques que os hábeis utilizam para ser estimados, para alcançar o poder e nele se manter. Para dominar a vida nas organizações e garantir o próprio futuro. São adaptações das máximas helênicas, romanas, medievais. Foram restauradas no Renascimento por Maquiavel. Depois, com os modernos, como Gracián, e mais recentemente, com La Rochefoucauld, se consolidaram. Determinadas fórmulas foram reelaboradas por filósofos como Schopenhauer e Nietzsche. Outras foram recuperadas do antigo Oriente, como as máximas de Sun Tzu.[222] Algumas são poéticas. Arrazoando sobre a flexibilidade, Tzu diz que a água modela o seu curso de acordo com a natureza do solo por

---

[221] Sobre a associação como meio de obter aprovação social, ver Blau (1964), e como coalizão política, ver March (1962). As organizações já foram descritas como campo de barganhas e compromissos em que os atores usam o poder que têm para defender uma posição: a própria. Ver Allison, 1971.

[222] Ver Tzu, 1983.

onde passa. Outras beiram a velhacaria. Gracián[223] diz que o trabalho dignifica porque com ele se compra a reputação.

Essas regras e recomendações são úteis para compreender a natureza humana e para deitar sabedoria. Mas não criam nem ajudam a desenvolver a *métis*. Em um texto clássico de administração, Herbert Simon[224] denunciou a impropriedade das máximas e provérbios para orientar a ação dentro e fora das organizações. Seu esforço foi inútil. A sabedoria de almanaque continua a assolar os textos de administração e de economia. Ela serve para confortar os politicamente incapazes, mas não se aplica à fugacidade da luta cotidiana pelo apreço e pelo poder. A *métis* é indecifrável justamente porque não tem normas. Aquele que disputa a sobrevivência, seja na esfera do poder do Estado, seja na da economia, seja no interior das organizações, age de acordo com uma racionalidade original, com uma forma particular de usar a inteligência, que combina sagacidade, astúcia, perspicácia e sutileza. Não é algo que se possa apreender com leituras e discussões. Por que razão alguns a desenvolvem e outros são politicamente simplórios é um mistério que a psicologia ainda não conseguiu resolver. Talvez ela só possa ser obtida pela prática, como queriam os sofistas.[225] Talvez seja atávica.

A *métis* operacionaliza o saber conjetural. É muitas vezes confundida com o maquiavelismo, com o uso indiscriminado de expedientes para alcançar o poder. Mas ela o antecede. Para os gregos, abarcava desde a armadilha de caça à maestria do piloto, desde o olho clínico do médico aos ardis de Ulisses. É uma divindade feminina, uma prudência astuciosa. Ela faz o fraco vencer o forte, como no canto XXII da *Ilíada*, onde Nestor sugere truques para ganhar batalhas quando o oponente é mais poderoso. Ela faz o pequeno vencer o grande, como quando Opiano, que trata da pesca e da caça, ensina sobre armadilhas e técnicas. Ela permite ao subalterno enfrentar o senhor, como quando Hesíodo e Ésquilo explicam os enganos e desvios de Prometeu para resistir ao poder de Zeus. Ela permite iludir, como a *métis* de *Hypnos*, o sono, que se faz passar por seu irmão gêmeo, Tanatos, a morte.[226]

---

[223] Ver Gracián, 1998.

[224] Ver Simon, 1946.

[225] Maquiavel, com todo o seu atilamento, foi incapaz de descrevê-la. Apenas a assinala, como no capítulo XVIII de *O príncipe*, quando diz que "os homens em geral julgam mais pelos olhos do que pelas mãos. Todo homem pode ver, mas pouquíssimos sabem tocar. Cada um vê facilmente o que parecemos ser, mas quase ninguém identifica o que somos, e esses poucos espíritos penetrantes não ousam contradizer a multidão".

[226] "Um tipo de inteligência e pensamento, um modo de conhecimento que implica um conjunto complexo e coerente de atitudes mentais e comportamento intelectual que combina gosto e aptidão, sabedoria, antecipação, sutileza da mente, (...) abundância de recursos, vigilância, oportunismo, habilidades variadas e anos de experiência adquirida." Vernant e Detienne, 1978:3.

Os fracos, os pequenos, os subalternos, os que não encontram outro meio para sobreviver no trabalho que não a ação política são usuários da *métis*. São, e sempre foram, malcompreendidos. A força do pensamento platônico, que propunha a verdade eterna, terminou por anular, no Ocidente, o saber e o estudo da sagacidade. A ética cristã repudiou o maquiavelismo. Aristóteles ainda coloca a *métis* como um dos esteios da *phronesis*, que é mais do que a prudência no sentido que lhe damos hoje. É a capacidade prática que permite o domínio das ações úteis à conservação — nossa e da sociedade. Mas nem só os fracos, os pequenos, os subalternos fazem uso da astúcia para sobreviver. Também muitos dos fortes, dos grandes, dos poderosos conseguem sobreviver nas organizações graças unicamente ao uso da razão política.

Sagacidade

A política é a arte de Janus, a divindade bifronte.[227] Como os rostos de Janus, o político olha para a frente e para trás porque persegue objetivos díspares, usualmente antagônicos. No plano maior da nação e do Estado, persegue, pelo menos em teoria, o bem-estar do povo e, simultaneamente, o bem-estar próprio. No plano das organizações não é diferente. As faces de Janus se contrapõem. Uma se volta para o bem privado, outra, para o da organização. Num e noutro plano a dificuldade de decidir entre a moral e a sobrevivência é a mesma: para onde olhar? A que interesse servir primeiro? O que sabemos da natureza humana não dá margem a dúvidas. A escolha puramente moral é uma exceção. Mas também o é a escolha puramente interesseira. Só uma razão à parte da lógica, só a *métis* pode conciliar as duas faces de Janus, pode objetivar a ação política.

Maquiavel foi quem primeiro retomou a idéia antiga da racionalização fria do poder. Da instrumentalização das habilidades e do intelecto. Do uso prático das fraquezas e das paixões, da cobiça, da ambição, da vontade de exercer o poder. São dele conceitos como o do distanciamento do líder, o da aliança com os subordinados e tantos outros. Alguns são espantosos, como o da crueldade que leva ao bem. Outros, incomuns à época em que escreveu, como o da colaboração dos opositores. Quase todos são utilizados ainda hoje sob diversos disfarces. Por exemplo, é sua a fórmula para o aliciamento de adversários que, na luta pela sobrevivência no trabalho, leva o

---

[227] Janus, a quem devemos o mês de janeiro, foi uma divindade romana. Era celebrado no primeiro dia do ano. E conhecia o passado e o futuro. Seu templo ficava fechado em tempos de paz; só abria quando Roma estava em guerra.

nome de cooptação, de compromisso, de pacto, mas também de quinta coluna, de traição.

Maquiavel foi mal interpretado: ele descreveu o que viu na conduta do príncipe. Ele não inventou uma forma de agir. Ele não exaltou o poder, que apresenta como contestável e ameaçado. O que ele demonstrou foi que o jogo político é uma condição, não um fim. Que é preciso entendê-lo. Principalmente no cotidiano das organizações, onde esse jogo é uma condição de sobrevida. Às vezes a única. A intenção de Maquiavel, escorraçado de Florença, não era nem o poder nem a posteridade. Ele queria sobreviver. Se possível com conforto.

O saber sutil

Tudo que não pode ser esquematizado constitui a *métis*. A governança vigilante do piloto que enfrenta os ventos e as ondas, a inteligência prática, fonte dos ofícios, do saber fazer. Para os antigos, ela era um dos atributos de todos que podem viver em dois mundos, das focas escorregadias, dos anfíbios, do caranguejo que caminha em todas as direções, exceto para a frente.[228] Era a faculdade de produzir e fazer produzir, de acender uma vela a Deus e outra ao diabo. Aristóteles mesmo era dotado da *métis*. Ele ensinou, por exemplo, que tudo tem um fim, mas nunca definiu fim. Alegava que ninguém estaria de acordo com a definição. A indefinição do fim é uma das condições do exercício da prudência. Até hoje, a indefinição de propósitos, objetivos e missões é um dos esteios da sobrevivência no poder dos executivos. Definir significa etimologicamente estabelecer um limite, um fim, dotar de precisão o que não pode, por social e econômico, ser preciso e rigoroso. Uma das atitudes mais sagazes da *métis* consiste em calar, em não denunciar essa impossibilidade. A alegação de que a empresa, o governo ou qualquer que seja a organização vive melhor tendo um sentido fictício do que não tendo qualquer sentido é típica da *métis*, essa forma de raciocinar que beira a fraude.

A *métis* é a capacidade intelectual orientada para a vida prática, para o êxito através da ação. Como a raposa, ela é flexível como o polvo, ela enlaça o objeto e o paralisa. Ela é sutil. Os que a usam navegam no nebuloso e no incerto. Sobram exemplos do seu uso. No mundo do trabalho que aí está, arrisca a sobrevivência quem declara a ineficácia da razão imperante. Por isso, nas organizações, há, como sempre houve, uma permanente cortina de fumaça pairando sobre o entendimento dos mecanismos de admissão, de ascensão hierárquica, de obtenção de privilégios. Ainda nos primórdios do

---

[228] Ver Aristóteles, "História dos animais", 566B, 28 e ss; e 567A, E e 13.

estudo científico da administração, Chester Barnard dá a perspicácia política como condição de persuasão e de obtenção de vantagens.[229] Mas sequer tenta explicar como ela funciona. Inútil procurar na literatura posterior e nos dados e tabelas das pesquisas. A *métis* é tão recatada que apenas se deixa vislumbrar nas entrevistas e conversas laterais. Recebe o nome de instinto, experiência, estilo.[230] Nem os próprios detentores dessas virtudes, das diversas faces da sagacidade política, sabem ou querem explicá-la.

Finesse

Periodicamente o assunto volta às estantes das livrarias de aeroporto, ao grosseiro marketing das consultorias. Regras para o êxito são reconstruídas, escovadas e modernizadas. Os executivos da moda proferem listas e listas de mandamentos. Pesquisadores entrevistam os sobreviventes dos cataclismos da economia. Tudo isso é, para dizer o mínimo, de utilidade discutível. Nas pesquisas a que venho me referindo, entrevistei gente de sucesso e também os que tinham fracassado. Eles conheciam e obedeciam as regras de sobrevivência.[231] O que lhes faltava — e isso é impossível de provar — era a *métis*. A informação para a ação política. O *quid* da finura, do descortino, da clarividência sobre o próprio destino.[232]

---

[229] Ver Barnard, 1961. Dá o poder de racionalizar oportunidades (convencer os trabalhadores de que é do seu interesse produzir mais e melhor) e a inculcação de motivos como condições da persuasão. A terceira condição é a da coerção ao trabalho.

[230] Sócrates, Platão e também muitos outros depois, como Goethe, mencionam esse demônio a que chamamos de gênio ou inspiração. A inspiração, o pneuma, corresponde à ação de um espírito divino que dá o conhecimento imediato. O instinto, que se opunha à inteligência, hoje não é mais considerado isoladamente. É evidente, por exemplo, que, muitas vezes, entre o instinto de sobrevivência e a ação correspondente, há uma mediação lógica e cultural (só nos protegemos do perigo que sabemos ou supomos existir).

[231] A melhor síntese das regras básicas para influenciar, obter e manter o poder nas organizações ainda é a construída por Cohen e March (1974) sobre a liderança nos ginásios e universidades norte-americanas: 1) gaste tempo; 2) persista; 3) troque posição por substância (por exemplo, troque *status* por reconhecimento social, posto por auto-estima); 4) facilite a participação dos oponentes (não crie nem cultive inimigos); 5) sobrecarregue o sistema (não dê espaço para a ociosidade); 6) proponha projetos com os quais todos estejam de acordo (evite polêmicas); 7) prefira resultado do que visibilidade (evite áreas sensíveis). Ao convencer os outros: a) apresente as metas como hipóteses (não force); b) use a intuição como se tivesse certeza; c) trate a hipocrisia como algo temporário (seja hipócrita); d) trate a memória como inimiga (esqueça); e) trate a experiência prática como se tivesse base teórica (o que todos sabemos).

[232] O nosso saber popular tem nos versos de dom João Manuel, camareiro-mor de dom Manuel (*c*. 1497), uma expressão melhor do que muito do que foi copiado posteriormente. Dizem o seguinte: Ouve, vê e cala/ E viverás vida folgada;// Tua porta cerrarás,/ Teu vizinho louvarás/ Quanto podes não

A argúcia política sempre foi difícil de definir. Blaise Pascal sustentou, contra o geometrismo de Descartes, a existência de duas espécies de compreensão, de dois "espíritos" (*esprits*).[233] Ao espírito geométrico corresponderia uma perspectiva lenta e inflexível. É o que se aplica à ciência. Tem princípios distintos do uso comum. Ao espírito afetivo (de *finesse*) corresponderia uma perspectiva rápida e maleável. É o que se aplica ao amor. Tem princípios comuns a todos. É a razão do coração que a razão desconhece. Pois é justamente esse *coeur* de Pascal[234] que parece sobrar aos que sobrevivem nas organizações quando são ou se tornam dispensáveis do ponto de vista da produção.

Pascal diz que a origem da *finesse* está no exercício espiritual, no sentir mais do que no pensar. "Enquanto os geômetras, querendo começar pelas definições e em seguida pelos princípios", se apóiam no raciocínio lógico, é o coração, o espírito de *finesse*, que pode compreender e justificar a moral, a religião e a filosofia. É ele que permite adivinhar o próximo passo; colher, das nuanças das informações de que todos compartilham, o ensinamento do que é relevante e do que não é. É o espírito afetivo e não o geométrico, que permite ler nas entrelinhas dos demonstrativos financeiros, das peças de marketing, dos relatórios de progresso, dos comunicados à imprensa. Pascal propunha que as duas inteligências vivessem em equilíbrio. Mas isso não parece possível. Elas se aplicam a domínios diferentes. O racional não é um cálculo que anteceda o emocional. É outra coisa. É uma razão *a posteriori*, não antecipa o perigo, nem a oportunidade. O emocional, por seu turno, não é o sensível, o percebido. O emocional, o afetivo, *l'ordre du coeur* de Pascal, é como o volitivo, o querer: alguma coisa anterior à razão, ao *logos* que esquematiza e calcula.[235] O poder é da ordem do tácito. Ele não coage nem persuade: ele alicia.[236]

---

farás,/ Quanto sabes não dirás,/ Quanto ouves não crerás/ Se queres viver em paz// Seis coisas sempre vê,/ Quando falares, te mando:/ De quem falas, onde e quê,/ E a quem, e como e quando.// Nunca fies nem porfies,/ Nem a outro injuries,/ Não estes muito na praça,/ Nem te rias de quem passa.// Seja teu tudo o que vestes,/ A ribaldos não doestes,/ Não cavalgarás em potro,/ Nem tua mulher gabes a outro./ / Não cures de ser picão,/ Nem travar contra a razão:/ Assim lograrás tuas cãs/ Com as tuas queixas sãs.

[233] Espírito é aquilo que pensa, a "substância pensante" de Descartes. Com Kant, o espírito passou a se confundir com o gênio ("Crítica do juízo", parágrafos 46-50) para designar o poder produtivo e a originalidade criativa da razão. Hegel tomou o conceito e o transformou em uma das mais intrincadas idéias da filosofia ao dividi-lo em subjetivo, objetivo e absoluto.

[234] Ver Pascal, 1976.

[235] Ver Maliandi, 1992.

[236] Ver Merleau-Ponty, 1991.

O entendimento prático

A *métis* é a "sabedoria prática", que se aplica às situações transitórias, cambiantes, desconcertantes e ambíguas, situações que não se prestam à mensuração precisa, a cálculos exatos ou à lógica rigorosa. Hume dizia que em todo raciocínio há um passo que não se apóia em argumentos ou no processo de compreensão.[237] É nesse interstício que a sagacidade parece atuar. Por isso é difícil entendê-la. Todo saber ocidental não só louva a racionalidade lógica como sustenta que nenhum conhecimento pode ser obtido por revelação, intuição ou inspiração. Nossa própria cultura, a forma pela qual aprendemos a pensar, contribui para isso. Mas, acima de tudo, o que nos dificulta a compreensão da *métis* é a emocionalidade envolvida no trabalho, na manutenção do emprego. A inteligência emotiva, como argumenta Freud,[238] cria barreiras que não nos permitem aceitar as motivações inconscientes. Na vida e no trabalho preferimos nos limitar à hipótese da escolha racional.

A escolha racional, que tanto tem ocupado os teóricos da economia e da administração, é o contrário da *métis*. Ela pressupõe a existência de metas conhecidas, de propósitos objetivos, de finalidades declaráveis e de alternativas identificadas para alcançá-la.[239] Mas as escolhas políticas não são assim. Operam sobre o que Paul Valéry[240] chamou de "racionalidade instrumentalizada". Uma razão que se propõe situações-problema, não metas ou alternativas. Muito do que enfrentamos na vida e quase tudo que tange à convivência não admitem solução pelo cálculo, como não o admitem os problemas do estar no mundo, do conhecimento, da alteridade, do vivido.

Mesmo Herbert Simon, que dedicou sua vida a entender a coerência e a propriedade das decisões nas organizações e na economia[241] e que morreu convencido de que poderia substituir a acuidade do espírito humano pelo cálculo computacional,[242] não foi capaz de definir claramente os limites da racionalidade, nem de encontrar uma

---

[237] Ver Hume, 1963, section V, part I.
[238] Ver Freud, 1952.
[239] Ver Pfeffer, 1981.
[240] Ver Valéry, 1994.
[241] Simon realizou progressos que lhe valeram um Nobel em 1978. Sua idéia mais interessante é a de que o que move a decisão não é a maximização — isto é, a obtenção do máximo possível —, mas a satisfação — a obtenção do satisfatório. A maximização não é possível porque a informação necessária à decisão teria que ser completa, o que é impossível, e porque teria que haver uma única meta, não uma pluralidade de metas, como efetivamente ocorre. Outra idéia de Simon é que a escolha racional não considera a razão em sua plenitude, mas uma racionalidade limitada. Ver Simon, c.1997.
[242] Ver, por exemplo, Simon, 1995.

fórmula para que pudesse ser considerada pelos modelos econômicos e pelos esquemas estratégicos de gestão.[243] Peter Drucker, com formação muito mais sólida e melhor conhecimento das organizações da natureza humana, declara ser isso impossível.[244] Mintzberg[245] tentou enfrentar o problema separando as bases do poder nas organizações em duas categorias. Uma, baseada na dependência, é constituída pelo controle dos recursos, pela habilidade técnica e pelo conhecimento útil. A outra está dividida entre os privilégios legais — que são uma conquista mais do que uma fonte de poder — e a capacidade de persuadir, esta sim política, constituída de elementos como aparência, atratividade etc., impossíveis de precisar. Excetuando-se essas leves menções, o entendimento prático e a própria luta pela sobrevivência política no trabalho parecem não existir, como se o convívio e as disputas entre pessoas e grupos fossem esquemáticos e calculáveis.

Sobrevida

Talvez a desconsideração dos fundamentos da sobrevivência política seja uma forma de os teóricos sobreviverem, eles mesmos, à inextricável complexidade que aí está. Talvez, também, a *métis* seja mal estudada porque sua compreensão não a provê. Ela faltou a Maquiavel em toda a sua infeliz existência. Ele desentendeu-se com os poderosos de Florença e foi exilado. No exílio, serviu aos Médici, que, seguindo seus ensinamentos, jamais o empregaram. Republicano, ofendeu a República, que nunca o perdoou. Intelecto superior, colocou sempre, ao contrário do que pregava, o oportunismo acima da *virtú*.[246]

Talvez a *métis* seja omitida porque as tentativas recorrentes de reter e transferir conhecimento sob a forma de provérbios e máximas são inúteis, porque os cenários e as experiências jamais se repetem. O saber que informa a ação política é circunstancial e anterior à reflexão. A má fama que o cerca desembocou na idéia do maquiavelismo, na condenação moral *a priori*, que decorre da ignorância e a realimenta. O maquiavélico é caracterizado como o astuto, o sutil, o enganador, o expedito e o desonesto. O termo é aplicado, inclusive em psicologia, àqueles que manipulam ou enga-

---

[243] Um estudo completo sobre o tema é o de Foss, 2002.
[244] Ver Drucker, 1993. Ele afirma que o planejamento estratégico não substitui a "habilidade, a coragem, a experiência, a intuição e mesmo o pressentimento".
[245] Ver Mintzberg, 1983.
[246] Ver Merleau-Ponty, 1991.

nam para alcançar seus objetivos pessoais. Mas a astúcia não exclui a honestidade. A moralidade também depende do raciocínio não-lógico.[247] A *métis* não é o maquiavelismo, mas a condição do maquiavelismo e de toda ação política.

Vivemos em um mundo em que as mutações da economia e das organizações levaram à exaustão as formas de trabalho como as conhecíamos desde os primórdios da era moderna. Num mundo em que o trabalho se tornou precário, instável e incerto. Em que a política para sobreviver no e ao trabalho é cada vez mais agressiva. Nesse mundo, a compreensão da astúcia, há muito relegada, tem papel primordial na explicitação acadêmica, mas também na dos móveis e instrumentos de uma parte significativa da sobrevivência nas organizações.

No contexto econômico e organizacional que aí está, no qual a educação é confundida com informação e a energia criativa com arrogância malcriada, o saber sutil permanece intocado, sustentando a sobrevida de quantos o possuem e cultivam. O conhecimento dos mecanismos intelectuais da gestão segue perrengue, acreditando e fazendo acreditar que a razão lógica, a razão da econometria e dos algoritmos de decisão, é suficiente para explicar a vida e a sobrevida no mundo do trabalho.

Mal estudada, mal compreendida, desprezada, a *métis* é a razão, ou a parte da razão, que garante o ingresso e a permanência nas organizações de um sem-número de pessoas. Os que a detêm, detêm a condição da *virtú*, da exatidão no entender e do esmero no fazer tanto o bem quanto o mal. Detêm a condição da persuasão contra a força, a condição da fria serenidade contra a exaltação e a fúria.[248] A *métis* permite aos que não produzem se manter nas organizações, mas também dá aos que produzem a condição de sobreviver à trama de frivolidade, ganância e inveja que traspassa as relações humanas no mundo do trabalho.

O acaso e a fortuna

O terceiro componente da sustentação política no trabalho é um composto de fé e mistificação. Fé no sentido de crer no próprio destino, ou melhor, de crer que se tem um destino especial, que se está predestinado. Mistificação no sentido de fazer crer aos outros que se tem o controle do próprio destino e o da organização. Esse composto é instável. Primeiro, porque a fé, sabemos todos, é a crença sem a razão, a crença

---

[247] Maquiavel diz que só percebendo o mal com antecipação podemos evitá-lo. Ver Machiavelli, 1952:3 e 13.
[248] Aristóteles (*Retórica*, livro I, 2; 1.355b, 20) ensina que para ser persuasivo há que usar, além da razão lógica, o entendimento da natureza humana e o entendimento das emoções.

não-lógica. Segundo, porque o destino se funda sobre duas idéias díspares: a da fortuna e a do acaso.

A par dos esquemas de ascensão e sustentação no poder e da inteligência política, o modo de encarar a sorte e o azar e de se aproveitar da crença ou ingenuidade alheia é essencial à sobrevivência política. Vamos examiná-los em duas instâncias. Na primeira, procuro esclarecer os conceitos de fortuna e acaso e as conseqüências de cada um na luta política nas organizações. Na segunda, examino como é explorada uma idéia arraigada, mas equivocada.

Sorte e azar

Fortuna e acaso são conceitos diferentes e têm papel distinto no que se refere tanto à conquista e à manutenção do poder, quanto à mistificação, que consiste em dar a entender ou em estar convencido de que se controla o destino da organização e das pessoas que a integram. Para muitos conceitos as indeterminações semânticas são contornadas utilizando-se o inglês como língua universal, mas o mesmo não se dá com a interpretação culturalmente condicionada de palavras e expressões. A confusão entre o que se pretende dizer e o que é interpretado pode gerar mais do que um mal-estar. Pode contribuir para o descrédito e para uma queda do poder.

Um dos subprodutos das pesquisas a que venho me referindo, realizadas nos Estados Unidos, na França e no Brasil, foi a constatação dos problemas decorrentes da diferenciação de sentidos.[249] Termos como *globalização, tecnologia, integração, alavancagem* têm significados distintos em cada cultura. Às vezes em cada setor econômico. Outros têm significados idênticos, mas são interiorizados de forma diferente. É o caso dos termos sorte/fortuna e azar/acaso.

Por exemplo, quando Jack Nilles disse ter chegado à idéia do teletrabalho por acaso,[250] há mais do que uma diferença de expressões entre a declaração e a interpretação latina, de que o processo não tem mérito porque não lhe custou nenhum esforço. Há uma diferença de percepção da vida e do determinismo nos negócios. Essa distinção poderia perfeitamente continuar repousando nos desvãos dos preciosismos semiológicos não fosse o movimento atual de internacionalização ter revelado um viés entre o que se preconiza na literatura técnica de economia e administração, origi-

---

[249] Pesquisas realizadas no Rio de Janeiro — na Ebape, da FGV: ver Thiry-Cherques, 2000 —, em Washington — na University of Maryland: ver Thiry-Cherques, 2002 — e em Paris — na Université de Paris — Nouvelle Sorbonne: *Le projet culturel*, ainda em elaboração.
[250] Cf. Arthur, 2001.

nária em sua maior parte dos Estados Unidos, e o que se entende por prudência gerencial nas organizações dos países de cultura latina. A diferença entre os dois entendimentos passa despercebida. Mas não as conseqüências. Em uma economia globalizada, a apreensão de significados idênticos para termos semântica e culturalmente distintos gera distorções custosas.

Vejamos como os significados de *acaso* e *fortuna*, a origem cultural das interpretações que lhes damos e as conseqüências potenciais da não-diferenciação podem afetar a estabilidade do poder e dar vez à mistificação em três instâncias: a do gerenciamento internacional, a da planificação e a da aplicação de técnicas de logística.

Na linguagem cotidiana, fortuna e acaso são considerados sinônimos. Sorte e azar, antônimos. Mas não é assim. Fortuna e acaso não são equivalentes; má sorte não é o mesmo que azar e nem mesmo existe a expressão "bom azar".[251] Quando me refiro à boa ou à má fortuna, ou à boa ou à má sorte, quero dizer que as causas do que aconteceu são desconhecidas. Quando me refiro ao acaso, favorável ou desfavorável, aos azares da vida, quero dizer que o que aconteceu não tem razões, ou melhor, que o que aconteceu está fora da cadeia de causalidades e efeitos. A fortuna tem uma causa desconhecida, o acaso não tem uma causa que se possa conhecer.[252] A fortuna deriva de uma privação de intenções; o acaso, de uma privação de razões.

A diferença entre a fortuna e o acaso data da época da consolidação das línguas modernas. Na Antigüidade clássica, os entendimentos eram outros. Aristóteles inclui na estratégia, paralelamente à técnica, o acaso.[253] Mas faz distinção entre o contingente e o casual. O casual é mais extenso, na medida em que todo contingente é casual, mas nem todo casual é contingente.[254] A sorte é um dom, como o bom nascimento. O general, como o gestor da economia e dos negócios, devia contar com o acaso. A função do domínio técnico era compensar o azar. Mas a *tecne* não tinha o poder de

---

[251] A fortuna, como a sorte, costuma ser positiva, como ventura e riqueza, embora existam a má fortuna e a triste sorte. O acaso é tido como indiferente, como imprevisível. O azar, como negativo, embora o verbo azar signifique dar oportunidade ou tornar apropriado.

[252] Essa é uma distinção, ou pelo menos um problema, que data dos gregos. Aristóteles (*Física*, II, 4, 195b, 30 e ss), ante a dificuldade de explicar a fortuna e o acaso, postulou que, além das quatro causas, existiriam a sorte (*fortuna*) e o azar (*casus*). Ambos seriam "causas por acidente", isto é, não-necessárias, relativas a acontecimentos excepcionais e inesperados, mas não inexplicáveis. Ambos são privações; a fortuna seria uma privação da arte e o acaso, uma privação da natureza (*Metafísica*, A3, 1.070 a 8). A distinção mais precisa é a de Demócrito, que segundo Cícero (*De natura deorum*, I, 24, 66) dá a fortuna, o fado e o destino como cegos (*concurso quodan fortuito*) e o acaso ou azar como uma "ausência de causa eficiente definida" (diferente, portanto, da distinção de Aristóteles — *Física*, II, 5, 197 a 8) e de Santo Tomás de Aquino, que se limita a comentá-la (*Contra gentios*, I, 72; II, 92 etc.).

[253] *Ética a Eudemono*, VIII, 2, 1.247.

[254] *Física*, II, 6, 197.

eliminar o imprevisível. Séculos depois, Santo Tomás de Aquino retomou a idéia. Mas aí já estabeleceu uma distinção entre o destino ou o *fatum* (o fado), que existe somente nas coisas humanas, e o acaso ou o *casus* puro e simples.[255]

A disparidade entre os dois termos torna-se clara a partir do Renascimento. Maquiavel diz ter muita dificuldade para se defender daqueles que acham que o "mundo é governado pelo acaso".[256] Boa parte de sua obra e das idéias que expõe é dedicada a provar o contrário. Que o mundo é regido em grande parte pela fortuna e que a fortuna é controlável. A ação política pode e deve se revestir da técnica aristotélica. Pode e deve iludir e contrapor-se à fortuna. Ele argumentava que ainda que a fortuna determine metade do que acontece, ela só ganha forma quando renunciamos a compreender os seus mecanismos. Que ela só nos determina quando não nos defendemos.[257]

Também o acaso moderno tem uma conotação precisa. Não é mais a do puro acidente. Paralelamente ao conceito da fortuna, desenvolveu-se no Ocidente uma noção de acaso que não é a da providência, mas a da contingência; não a da inspiração de um Deus, mas a da indeterminação da matéria.[258] O acaso, o *azar-hazard-hasard*, vem do árabe. É o dado (*az-zahr*).[259] O indeterminado.

O problema não está na diferença entre os dois significados, mas em tomá-los por sinônimos. Por alguma razão, sobre a qual não vale a pena especular, os povos de origem latina tendem a lidar com o inesperado no âmbito de entendimento da fortuna, enquanto povos de outras origens, como a anglo-saxã, de onde provém o essencial do saber administrativo contemporâneo, tendem a fazê-lo no âmbito de entendimento do acaso. Nós, os de cultura latina, lidamos com o fado, o *fatum*,[260] com aquilo que foi predito. O destino que se pode decifrar e alterar. Já a literatura de economia e de administração trata do azar, do *casus*, que é um acidente inexplicável, uma indeterminação que não se pode compreender.[261] Nos negócios e na gestão, nos consideramos beneficiários ou vítimas de acontecimentos cuja origem não sabemos, mas que julgamos poder saber. Já os anglo-saxões se têm como favorecidos ou prejudica-

---

[255] *Suma sobre a fé*, cap. CXXX, V-III.
[256] Ver Machiavelli, 1952, chap. XXV.
[257] Ver Merleau-Ponty, 1991.
[258] Ver Julien, 1996.
[259] O termo e o conceito entram nas línguas modernas via o espanhol. Só adquirem a noção atual por volta do século XVI. Ver Ayto, 1993.
[260] *Fatum* é o particípio do verbo *fari*, falar.
[261] Entender as causas do azar ou do acaso é impossível, não porque elas não existam, mas porque são aleatórias, o que, logicamente, torna as possibilidades de ocorrência equivalentes (não-diferenciáveis).

dos por coincidências e acidentes estatísticos, por algo cuja compreensão é impraticável ou inútil.

O gestor latino espera que o móbil da fortuna, que os desígnios insondáveis da divindade ou da natureza, seja lógico, razoável. Já o gestor de outras culturas raciocina e estabelece políticas a partir da convicção de que muitas coisas acontecem ao acaso e que nada tem a esperar do acaso porque, por definição, não há um móbil que o oriente, ou porque esse móbil, a intenção de Deus ou a causalidade do cosmo, é absolutamente insondável. O gestor latino tenta encontrar a lógica da fortuna — a sabedoria divina do Deus dos católicos. O gestor anglo-saxão há muito, desde a disseminação do protestantismo, como explicou Max Weber, colocou a lógica divina muito além da razão humana.[262]

A fortuna latina, o acaso anglo-saxão

No exercício político interno às organizações, a fortuna e o acaso desempenham papéis diferentes. Michel de Montaigne, seguindo Ovídio, imputa à fortuna o êxito na medicina, nas artes, nos empreendimentos militares e, principalmente, nas empresas e nos negócios.[263] Ele atribui à má fortuna grande parte dos desastres gerenciais e financeiros.[264] É essa exatamente a base da sabedoria gerencial latina. Sua *virtù* está centrada na defesa contra a incerteza e na resistência às seduções da fortuna (como o jogo)[265] e aos golpes que ela possa causar (o abandonar-se às ilusões). No outro lado, o do acaso, a sabedoria gerencial do capitalismo triunfante está centrada na precisão e na ousadia.

Quando negociamos uns com os outros, quando o gerenciamento é intercultural, quando estamos inseridos em organizações de origem cultural diversa da nossa, essa distinção deve ser superada. Isso não é fácil. No campo mais amplo do entendimento sobre o mundo e a política, o viés é irrelevante. Para um norte-americano, por exem-

---

[262] Os textos bíblicos não apresentam uma doutrina da predestinação. Apenas insistem no poder da graça divina. O pensamento católico segue a idéia de que o pecado dos homens — não o original — condena a humanidade, mas há um desígnio divino de salvação, ao qual podemos falhar. Para os calvinistas Deus predestina, independentemente da ação dos homens. O calvinista busca os signos de Deus (da sua salvação) vivendo de acordo com os mandamentos. Segue a declaração de Mateus (25, 34) de que os eleitos estão escolhidos desde a criação do mundo.

[263] *Ensaios* I, 23, 34. A citação de Ovídio (*Metamorfoses*, ii, 140) — "Eu deixo o resto à fortuna" — encontra-se em *Ensaios*, III, 9; e a declaração de se abandonar a fortuna, em *Ensaios*, III, 10.

[264] *Ensaios*, III, 2.

[265] É o que diz Sêneca na *Epístola*, 8, 3.

plo, a idéia de que o assassinato de Kennedy possa não ter sido um complô é perfeitamente aceitável. O mesmo vale para um inglês no que se refere à morte de *lady* Di. Tendemos a pensar diferente. A considerá-los ingênuos. E eles a nos considerar paranóicos. Mas isso não tem maiores conseqüências. No entanto, quando, por exemplo, acontece um imprevisto danoso para um processo de negociação gerencial, o esforço para conciliar a tensão entre a perspectiva latina, que tende a ver causas inconfessáveis no menor acidente de percurso, e a anglo-saxã, que tende a atribuir ao descuido, à "incompetência latina", tudo de ruim que acontece, pode ter custos altos, pode ameaçar a sobrevivência de quem interpreta em desacordo com a interpretação originária da fonte de poder interna à organização.

A preocupação latina com a fortuna — boa ou má — dos investimentos leva naturalmente ao zelo maior com o passivo, com a origem dos recursos. Já a preocupação anglo-saxã com as eventualidades e flutuações do mercado faz dirigir a atenção para as ameaças e para as oportunidades que se apresentam aos ativos, aos recursos da organização. Essa diferença de perspectivas conduz a que o propósito estratégico no âmbito latino seja, em geral, o do ajuste da distância entre o desejável e o possível, enquanto americanos e ingleses (e também os asiáticos) trabalham tanto com o provável quanto com o improvável. As projeções declaradas pelas organizações latinas têm um caráter fortemente cultural, isto é, estão fundadas naquilo que tem acontecido, enquanto as projeções das organizações de outras linhagens — americanas, asiáticas — voltam-se para o que pode acontecer.

Na cultura norte-americana, as atenções estarão voltadas para a previdência, para evitar ou remediar um mal que pode não acontecer. Na latina, para a prevenção, para a previsão antecipada de um mal que não se sabe quando vai acontecer. A diferença é sutil. Os custos de uma e de outra ação são diferentes. Os resultados de ambas, incertos. Mas o custo do gerenciamento latino pode ser aumentado quando utilizamos o instrumental de previdência contra o acaso, típico da cultura norte-americana, para fazer prevenção contra a fortuna. As manobras de sobrevivência política consistem em inverter a polaridade. Fazer crer que o que se passa não tem uma causa ou que essa causa é inalcançável e ir contra os efeitos, ou fazer crer que se conhecem e se controlam as causas quando isso não é verdade. A vacuidade das declarações de dirigentes e especialistas tem muitas vezes raiz nesse engodo.

A manobra é diferente em organizações e culturas diferentes. Quando um gestor latino menciona o planejamento, ele deixa transparecer naturalmente o *amor fati*, a inclinação ao destino, o apego à série ordenada de causas e efeitos enunciada da eternidade pela divindade primordial. O *amor fati* rege a percepção do planejamento latino, um planejamento dionisíaco, que aceita e incorpora o necessário, o inevitável.[266] É um planificar que se contrapõe a outro ideal. O ideal apolíneo de construção do futuro, que é o que consta dos manuais de planejamento econômico e estratégico. O ideal que se deixa entrever na idéia de "opções estratégicas", tão cara às empresas norte-americanas e britânicas.[267]

As raízes dos dois entendimentos são profundas. Ao deixar Barcelona, d. Quixote diz a Sancho não haver nada que venha por acaso, que tudo vem pela pré-ordenação dos céus, que cada um de nós é o construtor de nossa própria fortuna.[268] O que ele está dizendo é que o planejamento latino é premonitório, é uma antecipação (*anticipatio*) constituída a partir do acúmulo de experiência. O planejar latino é uma intuição sobre a ordenação do mundo.[269] O planejamento intuitivo já era estranho ao contemporâneo de Cervantes, Francis Bacon. Ensinava ele que duas coisas estão fora do nosso comando: a situação da natureza e os desígnios do acaso. Que devemos ter presente que a base de uma e a condição da outra limitam o nosso conhecimento. É essa perspectiva baconiana que norteia o planejamento disseminado como correto a partir do êxito da economia e das organizações norte-americanas. Um planificar indutivo, uma interpretação constituída a partir de inferências. Uma atitude científica, objetiva.[270]

A manobra difere nos dois casos. Na luta pela sobrevivência, o gestor latino procura fazer crer que a intuição é o que, por definição, não pode ser: científica. Inversamente, o gestor anglo-saxão procura fazer crer que a indução é inclusiva, isto é, que tudo foi devidamente considerado, não passando esse limitado "tudo" do mensurável e do imediatamente visível. A matematização do social e do organizacional, que periodicamente infesta as práticas administrativas, tem essa origem, não obstante os fracassos retumbantes em explicar e controlar a economia e a administração a partir dessa ótica, inclusive o ridículo a que desceram em várias ocasiões os velhinhos que outorgam o prêmio Nobel a economistas.

---

[266] Para Nietzsche (1986), o homem dionisíaco não está escravizado ao passado nem teme o futuro justamente porque aceita o necessário, o inevitável. Diz ele: "Minha fórmula para expressar a grandeza do homem é *amor fati*; o não querer que nada seja distinto (...) todo idealismo é mendicidade ante o necessário".

[267] Ver, por exemplo, a entrevista de John Browne, da British Petroleum, a Steven Prokesch, na *Harvard Business Review* de outubro de 1997.

[268] Ver *D. Quijote*, parte II, cap. 66.

[269] Para os latinos, para Cícero, por exemplo, a *antecipatio* é a "noção natural que se constitui espontaneamente em todos os homens a partir da experiência sensível". Ver *De natura deorum*, 1, 16, 43sq.

[270] Para os anglo-saxões, como Francis Bacon (1561-1626), a "antecipação natural" deriva de um procedimento indutivo apressado e deve ser substituída pela interpretação natural, pelo conhecimento rigoroso e científico da realidade objetiva. (*Novo organum*, 1, 26, I, xxi). Ver também *Advancements of learning*, II, XXII.

No plano da logística, o viés reside entre a atitude latina preventiva e a atitude prudencial das técnicas de projeção. A primeira dirigida à tentativa de absorver os efeitos dos desregramentos da fortuna, a segunda aplicada na busca de regularidades do acaso. Muito embora a atitude e as técnicas encerrem, ambas, o propósito de antever qualquer risco no armazenamento e no deslocamento de recursos, profecia e prognóstico não são a mesma coisa, podendo ser marcantes os efeitos dessa disparidade. É, por exemplo, difícil para alguém de cultura latina operar levando em conta conceitos como os de percentagem de risco ou margem de erro. Quando se menciona uma margem de erro de, digamos, 5%, a aspiração mais imediata do gestor de origem latina é a de querer saber qual a margem de erro da projeção. O bom treinamento inibe que se pergunte qual a margem de erro da margem de erro. Mas a tendência a adivinhar aquilo que os números não podem revelar é quase irresistível. A logística julgada de boa procedência segue o vício das ciências humanas de procurar previsões matemático-estatísticas e critérios afins das ciências naturais. A prevalência numérica, e até a sua exclusividade, é o que se encontra recomendado pelos manuais de logística.[271] Esse é um problema menor, onde o amor à precisão quantitativa é generalizado. Nos países de cultura latina, em que as datas têm valor quase que simbólico, em que os compromissos são mais sentimentais do que legais, em que o rigor é considerado uma indelicadeza, os gestores de logística, para serem minimamente eficientes, têm que traduzir as técnicas e algoritmos de acordo com a interpretação do humor dos atores e das circunstâncias.

A diferença de preparação para enfrentar o imprevisto, seja a disparidade da conduta gerencial entre a prevenção ante os desígnios da fortuna e a previdência ante os azares do acaso, seja a distinção entre o fundamento premonitório e o indutivo na planificação, seja a distância entre a logística baseada na razão e a cultural-dependente, é apenas uma das conseqüências possíveis da interpretação equivocada do sentido da fortuna e do acaso. Outros efeitos podem ser menos perceptíveis e mais graves.

Nas relações entre capital e trabalho, a dimensão do acaso, ao contrário da dimensão da fortuna, permite conceber as vicissitudes da economia e o *modus operandi* do capitalismo de forma neutra. A dimensão da fortuna faz com que qualquer ameaça ao trabalho tal como estabelecido seja percebida como dirigida contra o trabalhador. Isso, certamente, acirra a luta, no mundo latino, para manter e avançar sobre as conquistas trabalhistas, mas pode levar ao emperramento da evolução da economia e

---

[271] Em que pese à insustentabilidade teórica dessa deformação, denunciada pela fenomenologia ainda no início dos anos 1920 e demonstrada empiricamente ineficaz no seu transcurso. É que as ciências empíricas partem do pressuposto da determinação geral, da explicabilidade dos fenômenos por causas e motivos. Até na física isso foi superado.

conduzir à generalização do distúrbio da paranóia.[272] Para o gestor latino, os recursos humanos são constituídos por seres em que a fortuna bergsoniana[273] fez presente um impulso autonomamente criativo. Já os recursos humanos para a literatura administrativa são, antes e acima de tudo, recursos.

Nas relações entre capital e capital, e também nas relações entre economias, a indiferenciação entre acaso e fortuna tem levado a não poucas dificuldades. Por exemplo, o que se vem chamando de *moral hazard*, que é a idéia de que proteger mercados setoriais, nacionais ou regionais gera indiferença quanto aos riscos econômicos e comerciais envolvidos, é típica do entendimento do imprevisto como acaso.[274] Segundo esse entendimento, é obviamente lógico que, se alguém não está sujeito ao acaso, o acaso deixa de existir. Em conseqüência, a condução da economia e a gestão das organizações passam a se dar em ambiente de certeza, o que diminui drasticamente sua eficiência. A corrente oposta, do "pecado original", que sustenta que o comércio e as organizações que se situam em economias frágeis não têm como resistir às flutuações do mercado, é típica do entendimento do imprevisto como fortuna. Segundo esse entendimento, a conseqüência da não-proteção seria a alienação do patrimônio econômico aos mais fortes e a quebra das organizações. Parece claro que a solução hoje delineada para o dilema da proteção de mercados, que é a do protecionismo seletivo e negociado acompanhado de uma arquitetura econômica e institucional preventiva,[275] teria sido equacionada com menos custos se a compreensão dessa diferença ocorresse mais cedo.

Os mecanismos individuais que usamos para enfrentar o problema do acaso e da fortuna são complexos. Não podemos ser responsabilizados pelo acaso, mas nos responsabilizamos pela fortuna. Quando Freud afirma que "considerar o acaso indigno de decidir nosso destino nada mais é do que uma recaída na concepção religiosa do mundo",[276] denuncia claramente essa distinção da fortuna, "religiosa", particular e cristã, como inferior intelectualmente ao acaso, estatístico, universal e leigo. Como algo que temos que combater. Isso pode não ser difícil. Lacan, ao examinar o mecanismo que transforma o inaceitável (para a psique) acaso em necessidade, fala em "leis do acaso", que são seqüências anteriores ao que nos acontece, nas quais encaixamos os eventos para lhes dar sentido. O imprevisível passa, então, a parecer previsível,

---

[272] Ver Macedo, 1997.

[273] Para Bergson (1954), a vida é animada por um ímpeto espontâneo, o *élan* vital que se desenvolve em séries divergentes.

[274] Ver Hausmann, 1999.

[275] Ver Christiansen, 2001.

[276] Freud (1978), apud Macedo, 1997.

pela criação de um antecedente temporal. Para sobrevivermos, domesticamos mentalmente o acaso e nos livramos da responsabilidade sobre a fortuna.

Roda da fortuna, o cálculo do futuro

A manobra de fazer crer que se controla o acaso e a fortuna assume várias formas. Está presente no planejamento, na logística, na apreciação da economia e em cada uma das partes com que queiramos seccionar as organizações. Mas é na cultura do trabalho que a presunção da circularidade dos eventos é mais comum. O mundo das organizações é permeado por máximas como a da inevitabilidade da queda dos dirigentes (quanto maior o posto, maior o tombo), a da certeza da recuperação dos que caíram às posições mais baixas (o fundo do poço) e assim por diante. A memória coletiva é eivada de tradições[277] que insistem em explicar a trajetória profissional a partir de uma imagem consagrada desde a Antigüidade: a da roda da fortuna.

A fé na rotação de oportunidades e adversidades está presente na literatura teórica, na de aconselhamento empresarial e, empiricamente, nas mais diversas áreas e estratos das organizações. É uma tradição compartilhada pelos experientes e transmitida aos recém-chegados. Um conhecimento tido como seguro para orientar o agir, para advertir sobre condutas de risco. É empregado também para consolar e reanimar as vítimas da má sorte e dos caprichos do mercado. Mas é sobretudo na exploração política da insegurança que a roda está presente.

Os ciclos

Segundo os preceitos da roda da fortuna, a vida no trabalho seria marcada por estados previsíveis de ascensão e declínio. Para sobrevivermos, para nos livrar do infortúnio absoluto da demissão, ou para termos uma boa posição na hierarquia organizacional, bastaria que nos comportássemos de forma condizente com cada um desses estados. Haveria uma conduta ideal para alcançarmos a segurança dos postos mais altos, outra para neles nos mantermos, outra para retardar o declínio e outra ainda para nos restaurarmos após a queda. A conduta ideal é, na prática, a conduta conveniente a quem detém o poder ou quer alcançá-lo.

---

[277] Uma tradição designa uma prática ou um saber herdado do passado, repetido de geração em geração, e que tem valor e significado para um grupo humano particular. É "um pedaço do passado talhado à medida do presente". Cf. "Culture et tradition", 2002.

A idéia da roda da fortuna ou roda da vida não nasceu, evidentemente, nas corporações modernas. Ela vem de tempos imemoriais. Está no Mahabharata[278] hinduísta, onde consta que a roda tem o eixo na nossa mente, os cinco grandes elementos nos seus raios, os sentidos no seu aro exterior e o lar na sua circunferência interna. Representa o dia e a noite, a dor e o prazer, o frio e o calor. É, ou foi, uma magnífica ordenação do espírito que hoje se vê rebaixada ao infantilismo barato da literatura de auto-ajuda. A roda está no Dharma budista, que espelha a assiduidade do ensinamento.[279] Cada um dos oito aros simboliza os caminhos do pequeno veículo. É uma pena que essa idéia seja hoje distorcida pelos teóricos do treinamento continuado.

Na forma que persiste no Ocidente, a roda vem dos gregos, para quem, eterna e infinita, serviu ao castigo de Ixion, o primeiro humano a matar um parente, e que, agora preso aos seus aros, gira no Hades, como giram os chaplins cativos das engrenagens da produção. Vem do hebreu Ezequiel, que teve as visões mais desvairadas e assistiu ao espetáculo de rodas dentro de outras no céu. Rodas auditoras, que tinham olhos e asas e seguiam as pessoas na terra.

A roda da vida é um dos símbolos do determinismo, do juízo de que tudo que sucede ou sucederá está fixado e estabelecido. É o cânone da causalidade continuada, recorrente e autônoma. Heráclito o utilizou para explicar o "todo que procede do uno e o uno do todo".[280] Platão,[281] o ciclo recorrente de vida e destruição. Na roda, o ponto de partida e o de chegada coincidem, por isso Plotino[282] e Proclo a utilizaram para explicar a emanação e Nicolau de Cusa para explicar a *coincidentia opositorum*, a junção dos opostos.[283]

No plano político, a roda serviu como denotativo da igualdade. Foi o círculo do conselho tribal, foi a circunferência sagrada de Stonehenge e o assento dos iguais da Távola Redonda do rei Artur — o *board* de acionistas da Antigüidade.

A roda assume a forma definitiva na Idade Média. Serviu então ao ensino icônico sobre os desígnios de Deus. Por isso ela está representada em muitas das catedrais góticas. Às vezes é expressamente talhada na pedra, como na catedral da Basiléia, mas freqüentemente aparece dentro das rosáceas, como em Amiens. A roda da catedral de Basiléia é a mais didática. Refere o poder às correspondências morais. Nela a paz gera

---

[278] *The Mahabharata*, 1999, section XLV; Huby, 1921.

[279] Buddha, 1951.

[280] Ver Heráclito, 1982.

[281] Ver Leis 677A.

[282] Ver Plotino,1930.

[283] Ver Cusa, 1966.

a riqueza; a riqueza, o orgulho; o orgulho, a guerra; a guerra, a pobreza; a pobreza, a humildade; a humildade, a paz; a paz...[284] Ensina os riscos inerentes à alta direção. Já em Amiens, a roda tem 17 festões, cada um com um personagem. Oito sobem pela esquerda até o rei, figura central hierática que se apresenta com as mãos nos joelhos como os faraós, enquanto oito descem à sua direita. Deste lado estão os que caem, os que se dirigem para o exterior do *Chakra* — que em sânscrito quer dizer justamente roda. Instrui sobre os riscos de se desafiar as administrações absolutistas.

Vinda de tão longe, a roda nas organizações contemporâneas mantém-se inalterada em sua estrutura. É tida como expressão explicativa dos altos e baixos da carreira funcional, segundo, pelo menos, três instâncias relacionadas com a vida no mundo do trabalho: a do ciclo de resultados, a da ascensão e queda do domínio técnico e a da trajetória da capacidade produtiva.

No ciclo de resultados, a privação seria sucedida pelo sacrifício, este pelo consumo e este último pela saciedade, que levaria à baixa da produção e à conseqüente privação, que reiniciaria o ciclo. Para a convivência com o ciclo de resultados, a fórmula recomendada pelos manuais de treinamento e da sabença organizacional é a da retribuição do sacrifício — a idéia de que quem produz mais será, cedo ou tarde, recompensado, seja com riquezas, seja com a segurança no emprego.

No que se refere ao domínio técnico, a idéia é que a vida medíocre dos postos subalternos seria sucedida pelo aprendizado servil, que levaria à compreensão das práticas produtivas e burocráticas — o aprendizado do "serviço" — e desembocaria na realização plena do conhecimento aplicado — do estar em casa no trabalho. Mas esse conforto seria traiçoeiro. Incentivaria o desleixo, levaria à ociosidade e ao retorno às posições subalternas, estas ao aprendizado, que reiniciaria a roda. Por trás dessa idéia está a crença em que o ser humano só se realiza plenamente no e através do trabalho. Uma convicção cara ao cristianismo, ao marxismo de estrita observância e ao psicologismo sentimental que rege os cursinhos de *management*.

Temos, finalmente, a refletir a imagem da roda, a trajetória da capacidade produtiva. Nela, o desconhecimento ou desatualização seria sucedido pelo treinamento, que resultaria em capacidade técnica, que seria recompensada por posição de poder, riqueza e segurança, mas que sofreria a fatalidade da desatualização etc. É a fórmula dos manuais de recursos humanos e dos vendilhões de treinamento. A idéia da agregação de valor, que tem por trás a convicção de que o trabalho para ser válido, isto é, para que tenha valor, deve acompanhar o passo das modificações tecnológicas e das técnicas mais atuais.

---

[284] Ver Toynbee, 1975.

Esses exemplos bastam para chegarmos ao ponto que quero levantar. Um ponto que se apresenta como um enigma. Trata-se do seguinte: os saberes que postulam a circularidade dos eventos são falsos. Eles não se verificam. A analogia da roda e os seus avatares, antigos e modernos, são logicamente insustentáveis e factualmente inverídicos.

O fantasioso e o disparatado na analogia da roda são fáceis de demonstrar, como veremos a seguir. Mais difícil é entender como e por que, sendo obviamente um embuste, a roda resiste ao tempo e às circunstâncias. Sobre esse tópico tento lançar alguma luz na parte final do texto.

Os fatos e a mistificação

Na forma que chegou até nós, a imagem da roda da vida, gravada em pedra, pintada em iluminuras, visava instruir os iletrados medievais sobre as incertezas dos desígnios divinos. Era um recurso eficiente. Como a roda não tem uma velocidade definida, é possível passar pelas situações que retrata a cada hora, a cada dia, a cada ano. Como sempre estamos entrando e saindo de uma situação determinada, parece óbvio que a decepção sucederia a esperança, que a tristeza sucederia a alegria etc. A prudência e a cordura, então como agora, são o que se queria transmitir. O que se queria que fosse aceito era que, mesmo na posição mais alta — a da felicidade —, podemos cair para a posição da perda ou contrariedade, desta para a do sofrimento — a mais baixa — e daí remontar à da esperança. Estaríamos sempre em uma dessas quatro disposições. Não sendo possível iludir o destino, não poderíamos passar de uma a outra a não ser nessa ordem.

São muitas as lições que se aprendia na roda. A de que é a esperança que traz a felicidade (a felicidade é a esperança alcançada), como é o sofrimento que traz a esperança (se não se sofre, a esperança é desnecessária), como é a contrariedade ou a perda que leva ao sofrimento e à felicidade, que, instável, conduz à contrariedade. Aprendia-se também que felicidade não dura, que estar contrariado é melhor do que sofrer, que o sofrimento é uma passagem (em latim, sofrer tem o sentido de experimentar) para a esperança. Além disso, assentava-se que todos esses estados são transitórios, que a roda não pára de girar, que o destino é inevitável, pode ser cruel, mas não é permanente etc.

Desde essa época até hoje, a ligação entre o círculo e a fortuna encontra-se tanto na mobilidade quanto na instabilidade, mas é quase sempre referida ao poder. Na imagem mais difundida, a do *Hortus deliciarum*, de Herrade de Landsberg — que no século XII descreveu a ascensão na roda como a tentativa de o homem recuperar-se da queda —, um rei aparece nos quadrantes com os dizeres *regno* (reino), *regnavi* (reinei), *sum sine regno* (não tenho reino), *regnabo* (reinarei).

Todos esses saberes e orientações para a vida eram e são muito poéticos e interessantes. Mas, tanto no geral, quanto no que nos interessa aqui particularmente — a vida nas organizações —, é fácil constatar que são inteiramente ilusórios. A analogia que une a roda à fortuna é factualmente falsa em toda a linha de comparação com o que realmente acontece na vida e no trabalho.

Retomemos os exemplos que mencionei acima. O mais amplo é o que compara a carreira profissional à roda. Ora, qualquer investigação, mesmo que superficial, sobre o tema irá demonstrar que se algum paralelismo se ajusta à vida funcional este seria o de um ângulo ou, no máximo, o de uma linha oscilante. O normal, o que tenho documentado, é a trajetória em que há uma ascensão constante até o ponto de inflexão após o qual, de ordinário, há a retirada do trabalho ou, menos freqüentemente, uma recuperação ou uma sucessão de pequenas quedas e recuperações, até que cesse todo relacionamento entre o trabalhador e a organização. No percurso funcional não há retorno.

No que se refere ao ciclo de resultados, na roda (privação — sacrifício — consumo — saciedade — privação) temos, como vimos, a idéia de que quem produz mais será recompensado. Essa é uma noção datada do século XIX para calçar uma inverossímil e jamais demonstrada causação entre trabalho e riqueza.[285] Mesmo que a idéia fosse verdadeira, ela só teria fundamento para os que ganham exclusivamente por produção, para os autônomos. Não é e, logicamente, não pode ser válida para os que seguem carreira dentro das organizações, para os que são empregados, remunerados pelo esforço que despendem.

O ciclo de domínio técnico é outra idéia fantasiosa. A roda (subalterno — aprendiz — capaz — seguro — ocioso — subalterno — ...) é uma ideologia: uma lógica que serve a uma idéia, não uma idéia que seja comprovadamente lógica. O trabalho não é, nem nunca foi, uma fonte segura de auto-realização. Nem sempre os homens trabalharam e grande parte dos que trabalham tem como razão e objetivo de vida justamente parar de trabalhar. Além disso, muita gente se realiza em funções subalternas ou fora do trabalho. Se o trabalho é uma necessidade à sobrevivência física, nem o emprego nem a ascensão hierárquica são condições absolutas para a sobrevivência espiritual.

Finalmente, temos a noção da atualização continuada. A roda (desconhecimento técnico — treinamento — poder — desatualização — desconhecimento técnico...)

---

[285] Ver Arendt, 1989.

como imprescindível à validade do trabalho, ainda que parcialmente verdadeira — o artesanato tradicional, por exemplo, depende de conhecimento, mas não de atualização —, não é circular. O conhecimento técnico não pode ser perdido integralmente, de sorte que a curva que traça é assintótica, nunca circular. O que muito raramente ocorre é que a obsolescência completa de uma tecnologia determine a perda total do valor de um conhecimento. Mas aí já se trata, para o trabalhador, de um recomeço em nova base, de uma nova carreira, não de outro giro da mesma roda.

A analogia

Se, na prática, a roda é uma mistificação, é lógico que a simetria entre o que acontece e o que se ensina seja absolutamente descabida. Para demonstrá-lo basta que nos detenhamos um pouco na lógica elementar e procuremos entender o que é uma analogia, como deve ser construída e como pode ser validada.

Uma analogia é uma correlação entre os termos de dois sistemas ou ordens. Quando fazemos uma analogia, atribuímos os mesmos predicados a vários objetos.

A analogia, explanatória ou descritiva, parte da presunção de similaridade entre o análogo e o analogado. É válida se e quando: existe a similaridade; não há diferenças relevantes entre os termos; e a área de comparação é pertinente. No processo de se construir uma analogia, são propostos em primeiro lugar três elementos: um análogo, um analogado e uma área de comparação. Em seguida são contrastadas empiricamente as similaridades orgânicas entre as respostas (identidades e diferenças), que devem funcionar nos limites de uma margem de tolerância declarada. Depois são construídos os passos indutivo e dedutivo. O passo indutivo expande o conhecimento mediante generalizações. Na analogia da roda, o passo indutivo compreende a aceitação de que: a) tudo na vida obedece a um ciclo de ascensão, declínio e recuperação; b) o trabalho é uma atividade da vida como as demais, de forma que c) a vida no trabalho deve obedecer a esse mesmo ciclo. O passo dedutivo é um silogismo categorial. Começa no conhecimento que já possuímos e dele tira implicações. Na analogia da roda, o passo dedutivo parte da convicção de que: d) há um ciclo no trabalho e que, em conseqüência, e) o ciclo do trabalho é como o ciclo da vida.

A analogia entre a vida no trabalho e a roda da fortuna é metafórica (uma analogia extrínseca de atribuição), sendo suas propriedades comuns a mobilidade, a seqüência ordenada de situações, o esquema circular de ascensão e declínio. Em resumo, seus passos analógicos indutivos são: a) a vida é como uma roda da fortuna; e b) a roda da fortuna é móvel, seqüenciada e dividida em situações de ascensão e declínio.

Os dedutivos asseguram que: c) o trabalho é parte da vida; que d) a vida no trabalho é como uma roda da fortuna e, portanto, e) o que nos acontece no trabalho está fixado em instâncias.

Isto posto, caberia analisar e criticar a analogia para testar sua validade. Para se validar uma analogia é preciso verificar se a generalização está baseada em evidência sólida. Essa verificação se dá seguindo-se duas regras. A primeira é a da evidência do argumento básico, a da plausibilidade da generalização. A segunda é a do paralelismo das situações.

Ora, como estamos vendo, a roda é uma fábula construída por religiões e ideologias diversas com o propósito de nos confortar do mistério dos desígnios divinos e de alentar a esperança ante as vicissitudes da vida. É uma liberdade metafórica. Ocorre que as metáforas não são extensivas. Quer isso dizer que, quando, por exemplo, afirmamos que "a vida é um cabaré", entendemos que a vida é como um espetáculo imprevisível de múltiplos acontecimentos. Não que a vida é um ambiente fechado, cheio de fumaça, ou que a vida só aconteça à noite. As metáforas só funcionam contextualizadas e não admitem transposições.

Disso decorre que a metáfora da roda cessa de ter sentido além da afirmação de que a vida no trabalho, como a vida em geral, é mutável. Primeiramente porque nenhuma razão lógica, nenhuma prova empírica, dá sustentação à idéia de que a mutabilidade da vida, no trabalho e em geral, se dá segundo uma ordem preestabelecida. A roda está no plano da crença, não no plano da razão.

Em segundo lugar, porque, para a regra mais importante de validação de uma analogia — a de verificar as instâncias em que o análogo e o analogado concordam —, não há saber nem prova empírica de que tanto a felicidade quanto a desgraça não possam ser permanentes. Ou de que não é possível saltar da ascensão ao declínio e vice-versa sem se passar por estados intermediários, de que a desdita completa não possa, sem mais nem por quê, suceder à fortuna e assim por diante.

As razões da fortuna

Sendo a idéia da roda factual e logicamente insustentável, o que importa para a compreensão do que acontece no mundo do trabalho é tentar saber por que ela se mantém com tanta persistência.

Comecemos considerando que a roda chegou até nós tanto pela tradição vulgar quanto pela filosofia. Comte, Mill, Durkheim, Bachelard acreditavam que a sociedade vive alternadamente períodos críticos (tendências à desagregação) e períodos orgânicos (tendências à coesão e a novas formas de organização social). A própria dialética de Hegel é um círculo de círculos, onde cada tríade combina com outra tríade para explicar a certeza sensível (objeto, experiência, sujeito), a percepção (conceito, percepção, entendimento) etc.

O saber erudito, se chega a produzir algum efeito sobre a vida nas organizações, o faz através de uma série quase infinita de mediações e distorções. É muito mais provável que a roda tenha sido incorporada à cultura organizacional pelos mesmos motivos que a trouxeram da Antigüidade: porque é uma fórmula simples e muito conveniente, porque é um nariz de cera que justifica os percalços da ascensão e do descenso nos organogramas, porque parece explicar o inexplicável.

Nela, temos uma série de símbolos que podemos adequar às mais diversas situações. Temos o anel, que é o símbolo da aliança eterna do casamento, não só entre as pessoas comuns, mas também entre o sacerdote e Deus, entre a freira e Jesus. O anel é também o *ouroboros*, a serpente que morde o próprio rabo, que se alimenta de si mesma e que renasce da própria boca. Assinala a dependência recíproca entre as partes e serve para explicar ou apelar para a fidelidade, para a aliança entre o trabalhador e a empresa.

Temos também o sinete, o anel com o selo, que serve para advertir sobre o poder e que indicou a autoridade designada na Grécia, tradição que passou a Roma (onde havia uma hierarquia dada pelo material do sinete — os comuns só podiam usar ferro). O sinete indica quem manda, mas também indica que toda situação na hierarquia organizacional é efêmera. É um símbolo eficiente do poder delegado, uma vez que o anel pode ser passado de um para outro (por isso se quebra o anel do papa quando da sua morte).

Do mesmo modo, desde os gregos a roda é um símbolo da mobilidade, da mudança sem desagregação, da unidade, porque todos os polígonos regulares são circunscritos. É um dos ícones da infinidade. Ela não tem nem começo nem fim, é o polígono com infinito número de lados, como infinitas são, ou deveriam ser, as possibilidades para quem trabalha e persevera.

Com toda a carga simbólica que encerra, é fácil supor que, logicamente insustentável como é, a metáfora da roda tenha se mantido e tenha até mesmo florescido nos textos contemporâneos, devido a sua virtude de iludir os espíritos e de desviar a atenção dos absurdos da servidão implicada nas formas modernas de gerenciamento. Mas os dados de que disponho indicam hipóteses de explicação diferentes para a persistência dessa idéia. Hipóteses que revelariam não um sentido forçado, mas algo natural, que parece próprio da mente humana, um sentido que se liga à defesa da razão perplexa ante a injustiça do mundo e à recusa do acaso, da imprevisibilidade da vida.

Uma primeira hipótese para a persistência da idéia da roda deriva de nossa recusa em aceitar o desconhecimento sobre as causas ou sobre os encadeamentos de causas que desembocam nos fenômenos. A idéia de que a boa ou a má sorte, a Fortuna, determina a formação do mundo vem de Demócrito, do universo como resultante do entrechoque casual dos átomos. O acaso — a ausência de uma causa eficiente, segundo Demócrito, ou a ausência de uma finalidade, segundo Aristóteles — foi sempre estranho à natureza humana.[286] Preferimos acreditar no destino — que é necessário — e descrer do azar — que é acidental.[287] Aceitamos o absurdo da roda, que, sendo fortuita, não pode ser necessária, porque não podemos suportar a nossa inépcia intelectual ante o turbilhão dos acontecimentos, da incompreensibilidade do cosmo ou dos infinitamente misteriosos desígnios da divindade.[288] Toleramos a alegoria da roda para explicar o nosso destino profissional porque preferimos acreditar que o que nos acontece tem uma causa desconhecida do que acreditar que não tem causa alguma. Construímos a teoria do destino para dar sentido ao mundo do trabalho. Depois, como é comum nas ciências e no mundo social, nos aferramos à proposição e distorcemos a realidade até que ela se ajuste à teoria.

Outra hipótese é que a crença na roda da fortuna persista porque consola e alenta. Tal já era a opinião de Boécio,[289] o último dos romanos. Cristão e neoplatônico, Boécio compilou os manuais gregos e procurou a síntese entre o latinismo e o germanismo. Foi um sábio e um justo. Mas o rei ostrogodo Teodorico, a quem serviu, suspeitou de traição e o mandou prender, torturar e, finalmente, executar. Na prisão, nos intervalos das sessões de tortura, Boécio escreveu *A consolação da filosofia*, uma obra em prosa e verso na qual a Filosofia, personificada, e o próprio autor discutem o problema do mal, do livre arbítrio e da providência divina. A Filosofia, para consolar Boécio, se apóia no argumento da previsibilidade da roda para mostrar que o caráter cambiante da fortuna não interfere na felicidade. Os argumentos são admiravelmente construídos. Tanto que durante o pior momento da Idade Média, quando grassavam a servidão e a injustiça, *A consolação* foi o livro mais lido depois da Bíblia. Talvez por

---

[286] Para Demócrito, as coisas se dão por "necessidade cega", mas só no que diz respeito às coisas humanas. Aristóteles (*Física*, II, 5, 5.197, a8 e 4, 195b, 30ss) distingue azar e fortuna e os dá como causas excepcionais. A fortuna não é irracional, mas uma privação "da arte" (*Metafísica*, A, 3, 1.070 a 8).

[287] Trata-se, naturalmente, de uma resistência psicológica. Desde Kant (*Crítica da razão pura*) sabemos que não é possível demonstrar que o mundo faz sentido. Também não podemos demonstrar que não faz. Peirce (1992) deu-se ao trabalho de provar logicamente que um mundo construído ao acaso gera, necessariamente, uma ordem férrea, mais restrita do que a de um mundo construído por necessidade.

[288] É a concepção de Espinosa. Ver Huizinga, 1967.

[289] Anicius Manlius Severinus Boetius (Roma, 480-Pavia, 526).

isso, por ser um consolo ante a forma injusta e cruel com que os trabalhadores são tratados, a idéia da roda reviva hoje com tanto vigor.

Uma terceira hipótese para a persistência da idéia da roda da fortuna seria a de que ela representa uma possibilidade de limitar o infinito, de fazer previsível o aleatório. Também é antiga essa tradição. Vem de Raimundo Lúlio,[290] um catalão que postulou a submissão da filosofia à teologia e que pretendeu encontrar a verdade e converter os muçulmanos mediante a aplicação de sua *Ars Magna*, um círculo gerador de sabedoria. A roda de Lúlio, ou o complexo de rodas, era uma fórmula que reunia 18 elementos simples a que poderiam ser reduzidos os termos de todas as proposições. O método, de grande difusão no começo do Renascimento, consistia em embaralhar os nove atributos divinos (bondade, eternidade, poder etc.) com as nove relações (diferença, concordância, princípio etc.) em circunferências, com o centro em comum, e que deveriam ser giradas para produzir a *ars combinatoria*. Cósmico e circular, o método não poderia fracassar. Acreditava-se naquela época que o universo era o "espelho do divino", como dizia Santo Agostinho. O universo teria uma ordem perfeita. Daí que bastaria restaurar a "ordenação divina" para se alcançar a verdade de tudo. O fato de Lúlio ter malogrado tanto em esgotar as possibilidades de conceituação lógica, quanto em converter os mouros, não impediu que a roda e que o sistema mnemônico desenvolvido por ele tenham tido grande e fecunda aplicação. Talvez a roda persista porque parece explicar a máquina do mundo e, nela, as engrenagens do trabalho.

Qualquer que seja a razão de sua persistência: a ânsia por uma determinação, a necessidade de consolo e conforto, a racionalização do universo, o fato é que a roda da fortuna é uma das explicações para as incertezas no mundo das organizações. Integra a memória coletiva, o resultado da redução socializada da diversidade de representações possíveis.[291] Ela persiste, mesmo que seu fundamento seja insustentável, que a coincidência entre o que prevê e o que realmente acontece seja fortuita, que o acordo entre o que preconiza e o que funciona seja estatisticamente acidental. Uma derradeira hipótese é que ela sobreviva porque o mesmo se pode dizer de parte da teoria econômica e das técnicas de administração.

Subsistência

O vulgo, dizia Maquiavel, é sempre seduzido pela aparência e pelo êxito, e é o vulgo que faz o mundo. A manipulação de conceitos é certamente a forma mais insidiosa e

---

[290] Ramón Llull em catalão (Palma de Maiorca, 1235-Bougie, 1315).
[291] Ver Ricœur, 2000.

eficaz de dominação. Doma as consciências, induz uma aparência de concordância entre os interesses políticos e os de produção. Induz a crer que o conveniente é inevitável. Mas, como tudo que é falso, deixa o legado do cinismo institucional, da angústia kafkiana de tentar entender o que não é inteligível, dos interesses de quem, como leão, quer manter o poder, de quem, como raposa, deseja mantê-lo.

Lembremos que o sr. K. conhecia muito bem suas metas.[292] O que lhe era inalcançável, o que as instituições lhe negavam, eram os caminhos. Apreendeu, ou veio a saber, que a lógica da dominação consiste em viver do consumo do seu exercício, que a conservação do poder gera uma ordem de pensamento que frauda os objetivos declarados das organizações. Por isso, aumentos ou diminuições marginais de produtividade podem fazer parte do discurso das forças em confronto; a assunção de novos dirigentes ou circunstâncias externas pode levar a esforços de economicidade, de racionalização, mas a produtividade não determina, mas sim determinada pelo embate político.

É lamentável, mas nem por isso menos verdadeiro, que, havendo falhado, com raras exceções, as formas coletivas de produção, o que restou, o que é observável nas organizações da forma agreste de liberalismo em que vivemos, seja a gestão não-compartilhada. As poucas conquistas efetivamente sustentadas na eficiência — os ganhos constantes na produtividade absoluta ou marginal — dependem da inserção, casual ou induzida, do propósito produtivo nas condições ou objetivos declarados de poder. Vale dizer, no entendimento, na aceitação, de que o trabalho dos outros, a exploração, é elemento essencial para a obtenção e a conservação do poder.

Razões externas, entre as quais a economia recessiva, têm levado a esse entendimento. As crises de autoridade, o afrouxamento dos elos de controle organizacional, notadamente nas megacorporações e grandes agências governamentais, têm deslocado o eixo condutor da administração do setor financeiro para o da produção. Mas a conquista e a conservação de postos seguem sendo, na imensa maioria dos casos, contrafações da conquista e detenção do *fascio* dos *litores* latinos. O trabalho é caudatário desse processo, é submisso ao princípio abstrato da organização, à sua missão e à vontade e à conveniência dos líderes em exercício, dos donos do poder.

A organização que existe para produzir, que só faz sentido se gera bens ou serviços, é um mundo de muitas faces. Apesar da tradição exemplarista, tanto na sociologia quanto na ainda curta história da administração teórica, as organizações não são comparáveis a mecanismos. Duas engrenagens não podem ocupar o mesmo espaço simultaneamente, como acontece no mundo político e no do trabalho nas organiza-

---

[292] Ver o capítulo 4.

ções. Não se trata de convivência, de coexistirem dois sistemas: um norteado para a produção, outro centrado na busca ou na defesa do poder. As componentes dos dois sistemas são as mesmas. São equipamentos e materiais, são as informações, as disponibilidades financeiras e o duplo uso que delas fazemos. Somos nós mesmos, unos, indivisíveis, mas não absolutos.

A vertente política da luta pela sobrevivência nas organizações, o artifício da conquista e da conservação, o maquiavelismo sagaz do planejar e do agir, a manipulação da insegurança do acaso e da fortuna são, no conjunto de estratégias que estamos examinando, as mais deploráveis. Mas a sobrevivência pela exploração do trabalho, da ingenuidade e da impotência dos outros não é uma forma pura de agir. Ela se combina com as outras. Em maior ou menor grau está presente em cada uma delas. Tampouco é, sempre ou totalmente, uma atitude deliberada. Faz parte do instintivo e do não-racional de quem procura dominar e de quem não se apercebe ou prefere desconhecer a submissão. É uma das facetas da natureza humana que escolhemos ignorar.

Erasmo elogiou a loucura, esperando que o relato da estupidez humana a fizesse desaparecer. Sem êxito, como sabemos. Mas, graças a ele, hoje aceitamos facilmente o não-lógico como da natureza humana. Também a compreensão do político nas organizações não o fará desaparecer. Eventualmente, melhorará as possibilidades do produtivo. Afinal, os atores de um e de outro sistema somos os mesmos. Somos Sísifo, condenados eternamente ao trabalho sem sentido, e somos o sonho de Marx, transformando o mundo, a história e a nós mesmos. Somos também Maquiavel, um funcionário mal remunerado que lutou toda a sua vida por reconhecimento. Em vão.

6

Borges inspetor

Como outros, Jorge Luis Borges foi o maior escritor do século XX. Foi poeta, cego, rebelde, argentino e conservador. Repetiu-se com freqüência. Defendeu a enumeração como recurso literário.[293] Jamais foi monótono. Para sobreviver materialmente, foi bibliotecário, editor, professor, conferencista. Negou-se a ser inspetor de galinhas.[294] Essa recusa o distinguiu como pessoa e também como trabalhador. Cortou sua carreira administrativa. Obrigou-o a buscar a subsistência na arte.

Borges abominava escritórios. "Passei grande parte da minha vida em escritórios, um dos lugares mais tristes que conheço",[295] dizia. Os escritórios lhe pareciam labirintos, que para ele eram edifícios "construídos para que alguém se perca, (...) símbolos da perplexidade".[296] Detestava telefones tocando e salas de espera.[297] Havendo sido funcionário, desprezava funcionários. Mesmo os de alto posto ("o papa é um funcionário que não me interessa muito. Um funcionário da Igreja Católica"[298]). Também não gostava de associações: "fui presidente, por duas vezes, dessa equivocada sociedade (a Sociedad Argentina de Escritores), na qual supõe-se que ser escritor é uma profissão".[299] Jamais ia a reuniões: "pertenço à Academia Argentina de Letras e nunca vou lá, ao Pen Club e também não o freqüento, deixei de ser membro da Sociedade Argentina de Escritores".[300]

---

[293] Na introdução de *Discusión*, ver Borges, 2002.

[294] A desfeita veio à tona quando a Sociedad Argentina de Escritores organizou um banquete de desagravo à sua "promoção" a *"inspector de conejos, aves y huevos"* pelo governo de Perón. *Argentina Libre*, 15 ago. 1946.

[295] "El pensamiento vivo de Jorge Luis Borges", *Siete Dias*, 29 abr. 1973.

[296] Apud Vázquez, 1986.

[297] "Defectos y virtudes de los argentinos", *Gente*, 13 nov. 1975.

[298] Apud Barnatán, 1977.

[299] "El escritor y su tiempo", *La Opinión*, 9 mayo 1976.

[300] Apud Vázquez, 1986.

Via a puerilidade das hierarquias: "creio que a idéia de mandar e ser obedecido corresponde mais à mente de um menino do que a de um homem".[301] Empregou-se por necessidade. Somente em 1938, ano da morte de seu pai, começou a trabalhar como auxiliar em uma biblioteca municipal nos arredores de Buenos Aires. Depois foi um profissional solitário. Inicialmente, por necessidade, em seguida, por convicção. Borges se acreditava um artista predestinado ao trabalho individualizado.[302] Dizia que a predestinação e o conhecimento do destino são coisas inteiramente diferentes. Pode-se acreditar na predestinação e não supor que essa predestinação é sabida por alguém. Tinha a consciência de um determinismo inexorável, da circularidade do viver.[303] Em "Un sueño",[304] conta a história de um homem que, em uma cela circular, escreve um poema sobre um homem que, em uma cela circular, escreve um poema sobre um homem em uma cela circular... Em muitas outras ocasiões Borges se refere ao inevitável.[305] Ao destino, à busca de si mesmo, ao labirinto da vida onde "nunca haverá uma porta".[306] A forma que encontrou para sobreviver é simbólica dos que se rebelam contra a anulação, dos que encontram fora do emprego o caminho da sobrevivência no trabalho.

Sua opção é fácil de entender, mas difícil de executar. Andre Gorz[307] resumiu décadas de pesquisa em um quadro explicativo dos instrumentos que motivam para o trabalho. Há aqueles que são indicativos: dinheiro, segurança, prestígio, poder. Há os que são prescritivos, os que constrangem ao trabalho sob pena de sanções: normas, procedimentos, leis. O esquema não indica o que leva alguém a renunciar ao emprego. Possivelmente porque esse é um caminho que envolve condições psicológicas nem sempre redutíveis à racionalidade objetiva. Sentimentos morais, como o da dignidade, ideologias, como as do compromisso com determinadas formas de reger a vida social, e outros móbeis, particulares ou impossíveis de ser expressos de outra forma que não a da necessidade íntima.

Hume, tão apreciado por Borges, ensinou que a causa do que nos acontece só pode ser estabelecida *a posteriori*. Que a causalidade é "uma necessidade do espírito humano", que a repetição dos eventos nos dá a ilusão de que podemos estabelecer as

---

[301] Ver Borges, 2002.

[302] Ver Borges, 1986.

[303] "Borges, un rey puede ser un señor", *Yo*, set. 1978.

[304] Ver *La cifra*, em Borges, 2002.

[305] Por exemplo, nos contos "La doctrina de los ciclos" e "El tiempo circular", em *Historia de la eternidad*; e "Las ruinas circulares", em *Ficciones*. Ver Borges, 2002.

[306] "El laberinto", em *Elogio de la sombra*. Ver Borges, 2002.

[307] Ver Gorz, 1988.

suas causas. Ele tinha razão, claro. Por mais que recolhesse dados, que inquirisse aqueles que abandonaram o caminho do emprego, as respostas que obtive jamais formaram outro padrão senão o da causalidade interna, singular, pessoal, intransferível. É a impossibilidade espiritual de aceitar uma tarefa ou uma situação que leva o trabalhador a buscar a sobrevivência fora do emprego. Algumas vezes, o trabalhador posto em uma contingência inaceitável opta por não oferecer combate. Sai do emprego, recusa a tarefa, não por orgulho ou por medo, mas por necessidade. Outras, as organizações não o querem mais. Outras ainda, a forma que o trabalho assumiu escusa a sua presença.

A necessidade leva a atitudes extremas. Quando Borges vê-se compelido pela ditadura peronista a optar entre a inspeção de mercados e o abandono da carreira de bibliotecário, é o impensável da situação, mais do que a coragem ou o auto-apreço, que o joga em um eixo profissional diferente. O imperativo da necessidade foi a fórmula inescapável que o levou — e leva tantos outros, anônimos e nem sempre bem-sucedidos — a renunciar à segurança material em benefício da sobrevivência. Quando é a razão que está em jogo, podemos ceder ou resistir, podemos ficar ou partir, o que não podemos é tornar o necessário contingente, ludibriar, diferir.

Neste último capítulo sobre a administração da sobrevivência no mundo do trabalho voltei-me para dois casos extremos. Primeiro, examinei as condições que levam as pessoas a eleger como modo de subsistência o trabalho individualizado, não circunscrito às organizações. Descrevi os limites da tolerância, tanto do empregado em relação à organização quanto desta em relação ao trabalhador, sob as óticas político-estratégica, psicofísica e ética. Concluí com os indícios de que novas oportunidades se abrem para os intolerantes e os intolerados na medida em que as formas de trabalho não-presenciais têm espaço crescente na economia contemporânea. Depois, procurei analisar as razões que estão conduzindo ao ressurgimento do trabalho solitário. Concluí com uma avaliação do trabalho solitário como fruto das transformações induzidas pela cultura digital nas formas de produzir.

Os limites da tolerância

São raras as pessoas para quem a humanidade é um estorvo. Demócrito, dizem, arrancou os próprios olhos em um jardim para que não o atrapalhasse a contemplação do mundo. Em Constantinopla, os santos anacoretas padeceram voluntariamente sobre suas colunas. Em muitos outros lugares os eremitas de todas as partes se refugiaram em seus abrigos. Em todas as sociedades há pessoas que se auto-exilam. Mas são poucas. Bem mais comum é encontrarmos pessoas a quem a sociedade não pode tolerar. Gente que por questões as mais variadas, e mesmo sem razão alguma, não é aceita na comunidade. No entanto, a exclusão social é tão penosa que, de uma forma ou de outra, procuramos nos tolerar uns aos outros. Hoje a vida independente é menos fácil. Os que não toleram a vida social parecem não ter onde se asilar. No mundo contemporâneo, o preço da intolerância é o insulamento sem solidão.

Tal como acontece na sociedade, há gente que não pode suportar a vida nas organizações, a forma de relação que denominamos emprego, como há gente a quem as organizações não podem tolerar. Inscritas na totalidade social, as organizações são mundos em ponto menor. São constituídas por grupos de pessoas que compartilham, voluntariamente ou não, uma intenção comum. Diferem da sociedade e da comunidade por terem um objetivo concreto e não um propósito ideal. As organizações são universos fechados, orientados para finalidades específicas. Nas organizações, como na sociedade, existe tolerância e existe um limite para a tolerância. Mas, à diferença da sociedade, o intolerante e o intolerado podem se retirar facilmente das organizações. Podem se abster do trabalho em comum.

O tema da fronteira da tolerância veio à luz na apreciação de dados secundários das pesquisas a que venho me referindo sobre as condições de sobrevivência no trabalho. O que esses dados evidenciam é que, se as formas que as pessoas encontram para sobreviver às pressões organizacionais variam de muitas maneiras, também existem linhas de demarcação além das quais a convivência não é mais possível para os trabalhadores e para as organizações. Em que o convívio se torna intolerável. As razões da intolerância são de várias ordens. Da ordem do estratégico, do psicofísico, do ético. Todas são íntimas, particulares. Variam de pessoa para pessoa. Os seus detalhes são cansativos, o seu conhecimento pouco útil fora do estrito campo da psicologia. Mas como não há exclusão sem inclusão,[308] as pessoas que se encaminharam para o trabalho individualizado terminaram por formar uma classe de interesse econômico importante. Inserem-se nas formas de produzir que dispensam as organizações, tal como as conhecemos desde a primeira Revolução Industrial.

Ao procurar entender os limites da tolerância, deparei-me com um tema pouco explorado da teoria administrativa. Talvez porque o assunto não seja agradável, ou, mais provavelmente, porque o ser humano perdeu centralidade na gestão contemporânea, há muito pouca coisa escrita sobre os intolerados e os intoleráveis. Por esse motivo, limitei-me a sistematizar e a interpretar as razões e condições que levam ao estabelecimento das fronteiras de tolerância. Como para as outras estratégias de so-

---

[308] Ver Habermas, 2003.

brevivência procurei identificar um ícone dessa forma particular de subsistir moral e fisicamente no mundo do trabalho, penso tê-lo encontrado em Jorge Luis Borges. Não só porque foi artista — e todo artista é um solitário inevitável — mas porque expressou a solidão sem lamentá-la.

O tema é árido. Para não cansar em demasia o leitor, dividi essa primeira parte da exposição em cinco itens, em que examinaremos: a) o conceito e os argumentos a favor e contra a tolerância. Os limites b) políticos, c) psicofísicos e d) éticos da tolerância. Concluí e) com uma apreciação genérica dos motivos que levam à ruptura entre os trabalhadores e os empregadores, as razões que levam ao trabalho que não é um emprego.

O que é tolerância

Tolerância é a aceitação de opiniões e condutas julgadas equivocadas, falsas ou prejudiciais. Tolerar — ensina a raiz latina *tol* — é suportar o inconveniente, o malquerido, o rejeitável. Ninguém tolera o que é bom. Toleramos ou dizemos tolerar ou, ainda, pregamos que se tolere o que é mau, o que é ruim. Toleramos por interesse, por conveniência, por dever moral.

O conceito de tolerância se estende ao longo da história. Podemos acompanhá-lo desde a transigência com a "impiedade" dos descrentes da *polis* grega, passando pela condescendência política dos que se insurgiam contra os césares-divinos de Roma, pela misericórdia com os hereges medievais até chegarmos à complacência com os criminosos da atualidade. Sempre houve algum tipo de tolerância e, em graus diferentes, um limite para ela.

Na Antigüidade, principalmente entre os estóicos, *tolerantia* significou suportar tudo que fosse uma carga para o corpo humano e, por analogia, para a mente humana. Para os autores latinos, significou a perseverança e a força para enfrentar os males, as adversidades e os elementos naturais. A raiz *tollo* denotou o esforço que fazemos sobre nós mesmos.

O cristianismo nascente associou o conceito de tolerância ao autodomínio requerido para agüentar as dores da existência na Terra. Tolerância era um dos sinônimos de *patientia*. Um conceito privado, do indivíduo que é ou deve ser tolerante. Já com os padres da Igreja, notadamente com Santo Agostinho,[309] *tolerantia* passa a ter uma acepção coletiva: a do autocontrole da cristandade ao lidar com os maus, com as

---

[309] Ver Augustin, 1952.

pessoas imorais, com os infiéis. A da caridade, que ajuda a suportar os que são um peso para a humanidade.

O conceito de tolerância se firma na Idade Média. Embora a religião e os dogmas da época tivessem pouca elasticidade, o mesmo não ocorria na política nem na interpretação da lei. Por volta de 1150, o direito canônico já contemplava situações em que o mal não devia ser punido. Pregava que, quando o mal praticado é secular, pode haver uma permissividade da autoridade eclesiástica, o que não quer dizer aprovação (*Ecclesia non approbat, sed permittit*). Também deveria haver tolerância ao se prevenir um mal maior (*Minus malum toleratur ut maius tollatur*). Por exemplo, mentir para preservar a Igreja. Nesse contexto, o verbo *tolerare* é usado com freqüência para contornar um problema para o qual não se tem remédio, como o da prostituição, ou para ordenar o convívio com grupos irredutíveis à lei canônica, como o dos judeus.[310]

Tolerância passou a significar a indulgência entre os credos após as guerras religiosas dos séculos XVI e XVII. Os argumentos a seu favor se acrescentam aos da Antigüidade e aos da Idade Média. E se repetem desde então. O argumento moral[311] diz que a perseguição é violência e que a violência se opõe à civilidade e à caridade. O argumento da essência diz que se concordamos política ou religiosamente no fundamental (*credo minimum*), a razão da intolerância desaparece.[312] Voltaire argumentou que a tolerância se opõe ao fanatismo. Que era preciso esmagar o fanatismo cristão (*écraser l'Infâme*) fundado na superstição e na ignorância, em nome do interesse público. Dizia ele que devemos nos tolerar porque todos somos falíveis. Além disso, a tolerância é melhor também do ponto de vista econômico. Ela favorece o comércio de bens e traz a riqueza.[313] O argumento legalista diz que a intolerância é um mal porque produz a coalizão dos dissidentes,[314] e porque a repressão aos hereges é contraproducente por criar mártires.[315] O argumento político diz que a intolerância reforça a convicção dos que discordam e gera a revolta.[316] O argumento epistemológico diz que devemos ser tolerantes porque ninguém pode pretender ter a razão absoluta, só Deus.

Na Declaração dos Direitos do Homem de 1789 a tolerância foi associada à concessão do erro, à condescendência, à liberalidade dos costumes, como a das casas de

---

[310] Ver Bjeczvy, 1995.
[311] Ver Erasmo, 1999; e Locke, 1964.
[312] Ver Erasmo, 1999; e Voltaire, 1831.
[313] Ver Voltaire, 1966.
[314] Ver Locke, 1959.
[315] Ver Erasmo, 1999.
[316] Ver Espinosa, 1999.

tolerância. No século XIX, John Stuart Mill[317] apresentou razões para defender a idéia do direito à consciência individual. O argumento liberal reza que há uma esfera de ação que interessa primariamente ao indivíduo humano e na qual a sociedade não pode e não deve interferir. Essa noção desemboca nas idéias de compreensão e de incorporação das diferenças, que são o cerne do liberalismo moderno. A liberdade para Mill é a liberdade do indivíduo ante as coações. O público e o privado são esferas distintas em que a tolerância é imprescindível.

Na vertente inversa do pensamento político, o socialista Proudhon[318] sustentou a tolerância com outro fundamento: o do argumento crítico, que diz que só com a tolerância completa seria possível fazer aflorar as falsas idéias, e que isso as anularia.

O positivismo endossou, com Comte,[319] o uso político da tolerância. Mas só em um primeiro momento, quando ela seria útil ao "processo crítico". Depois, quando se alcançasse uma nova fase da história, a tolerância completa não seria mais aceitável, dado que pode conduzir à dissolução.

Pela vertente socialista, já no século XX, Gramsci[320] disse exatamente a mesma coisa. Ele argumentou que a tolerância é necessária para que o coletivo chegue a uma decisão racional do que o partido deve fazer, do seu fim, do seu objetivo. Mas que, uma vez fixado o objetivo, deve haver intransigência absoluta, sob pena de diversão e fracasso.

Mais recentemente, o tema voltou à discussão com o conceito de "tolerância repressiva" de Herbert Marcuse.[321] Ele demonstrou, ou pretendeu demonstrar, que a tolerância com os dissidentes na sociedade liberal tem o propósito de servir não para a emancipação de grupos e pessoas explorados, mas para adormecer os impulsos libertários. Com isso, torna-se repressiva, embora sob a aparência de libertadora.

O argumento desenvolvido por Marcuse é importante não só pelo que provocou — ele informou intelectualmente os movimentos rebeldes de 1968, tanto nos Estados Unidos quanto na Europa —, mas porque traz à luz a idéia de que a autodeterminação é viciada pelas instituições. De que a ideologia da tolerância favorece a conservação do *status quo* de desigualdade e discriminação. De que só as minorias extremistas — isto é, intolerantes — podem nos livrar da destruição da liberdade, da repressão oriunda da ideologia da tolerância.

---

[317] Ver Mill, 1963.
[318] Ver Proudhon, 1967.
[319] Ver Comte, 1877.
[320] Ver Gramsci, 1974.
[321] Ver Marcuse, 1970.

Ao longo desse desenvolvimento, a tolerância foi variando de significado. Há mesmo na língua inglesa uma distinção entre *toleration*, com a acepção legal de permitir a liberdade de culto, e *tolerance*, a admissão do diferente. No entanto, todas essas acepções têm um fundo comum que recai sobre a flexibilidade da consciência perante a vida particular, do indivíduo perante os outros, perante as instituições e, inversamente, das instituições em face dos indivíduos, da coletividade em face do particular.

No campo das relações entre o empregado e a organização, o caminho é o mesmo: do trabalhador consigo mesmo, dele com a organização e dela com o trabalhador. As organizações são instrumentos para se alcançar objetivos. A tolerância em relação a elas está no quanto concordamos com os meios de que fazem uso e com os seus objetivos.

Do ponto de vista psicofísico, o limite da tolerância é dado pelo quão conscientemente podemos suportar as penas e os sacrifícios que nos reserva o emprego. Do ponto de vista estratégico, do quanto nos convém profissionalmente alienar-nos ao processo de trabalhar para outros (não seria mais proveitoso termos outra atividade?) e do quanto compartilhamos dos benefícios das organizações. Do ponto de vista ético, do limite que a nossa consciência aceita e concorda com o processo de trabalho e com os objetivos perseguidos pela organização.

Um exemplo simples pode ajudar a evidenciar a complexidade da combinação dessa pluralidade de dimensões. Com o que sabemos hoje sobre os males do tabaco, trabalhar na indústria fumageira pode ser, ao mesmo tempo, compensador materialmente, agradável física e psicologicamente, interessante profissionalmente e intolerável eticamente. Ao passo que trabalhar em uma organização que combate o tabagismo pode significar um sacrifício financeiro, um caminho para a auto-realização, uma desvantagem profissional e um imperativo moral. Os campos da tolerância são diferentes, os limites são individuais. As suas margens também o são.

O mesmo ocorre quando invertemos a questão e nos perguntamos o que, em um trabalhador, pode ser intolerável para as organizações. A resposta girará em torno do prejuízo que ele possa trazer aos seus processos e às suas metas. O fraco, o discordante, o sabotador são intoleráveis. Os que retiram mais do que contribuem, os que questionam, os que suspeitam, os que desanimam, os que denunciam a precariedade moral dos processos e dos objetivos não se encaixam, não são suportados pelas organizações.

Tanto do lado do empregado quanto do empregador, é sobre esses três eixos — o político, o psicofísico, o ético — que se alinham os limites da tolerância. O que pude absorver nas pesquisas a que venho me referindo permite descrever os pontos de ruptura dessas linhas, o ponto em que os argumentos em favor da tolerância não mais se sustentam. Em que política, física, psicológica e moralmente a opção que resta é a da independência.

O limite político

O limite político ou estratégico é dado pela impossibilidade de obedecer à ordem vigente, de o trabalhador incorporar como seus os processos e, principalmente, as metas da organização. É o que acontece a Borges quando se vê privado da dignidade mal remunerada do posto de bibliotecário. Conservador,[322] ele conviveu sempre com um outro, o outro Borges, que era e não era ele.[323] Mas, no momento do limite da humilhação política, não se tratava mais de encontrar um caminho no labirinto das organizações, nem de ver no espelho o outro Borges, o burocrata. Nesse momento, teria que realizar uma impossibilidade: ser realmente dois. E essa conciliação nem sempre é possível.

Entre os que pensaram a tolerância, Locke[324] foi quem mais assiduamente tentou conciliar a consciência com a obediência a uma ordem. Argumentou, por exemplo, que ou bem o Estado é a expressão coletiva das consciências individuais, ou bem devemos obrigação maior a nossa consciência do que ao Estado. O impasse se resolve se e quando o Estado se torna a expressão consentida do pensamento individual. O que é uma ambição de todos. Infelizmente, no nosso campo de interesse, o das organizações, isso só é possível em associações de voluntariado. As relações entre empregados e empregadores não se constroem mediante a alienação das consciências.

A tolerância como reconhecimento de todos os cidadãos como iguais é a condição do pluralismo democrático que, para o liberalismo político, é o único sistema justificável eticamente para reger o Estado e a coisa pública. A tolerância como reconhecimento de todos os cidadãos como tendo o mesmo valor é a condição do coletivismo, que, para o socialismo, é o único sistema justificável eticamente para reger o Estado e a coisa pública. Nenhuma das duas posições apregoa a tolerância absoluta. Mesmo no âmbito do liberalismo é evidente, como demonstrou Wolff[325] contra Mill, que a tolerância não pode ser irrestrita. Se o for, isto é, se a liberdade for plena, recaímos na anomia, a ausência de leis descrita por Durkheim,[326] que isola o homem da sua comunidade, da sua cultura.

---

[322] Dizia-se anarquista spenceriano ("Las cosas de Borges", *La Razón*, 18 ago. 1983.
[323] Como em "Borges y yo", em *El hacedor*. Ver Borges, 2002.
[324] Ver Locke, 1959 e 1964.
[325] Ver Wolff, 1970.
[326] Ver Durkheim, 1967.

Essa é a acepção política da tolerância, esse o seu limite. Têm sido freqüentes as tentativas de transplantar a tolerância política para a administração, para a condução das organizações. Tentativas que medeiam entre o engodo e o equívoco. O que é válido para a sociedade não o é para as organizações.

O liberalismo no mundo político é isso: pessoas iguais, com concepções diferentes, encontram uma forma de convivência. As organizações são outra coisa. São formadas por pessoas diferentes interessadas em um objetivo igual. A tolerância política é o reconhecimento voluntário do direito da existência de interesses opostos. A sociedade democrática opera sob o conceito de fim último — um fim bom em si mesmo, como a liberdade. As organizações operam sob o conceito de objetivos mediatos, sejam eles econômicos, políticos ou mesmo religiosos. Nas organizações, a tolerância não é uma liberalidade, mas uma condição.

A transposição de ideais políticos para a gestão tem efeitos imprevisíveis, o mais das vezes nocivos. Tomemos um autor contemporâneo, John Rawls, cujas idéias têm sido discutidas como fonte de orientação estratégica de agências governamentais e de empresas. Ao se pronunciar sobre as liberdades básicas, Rawls[327] se fixa no que denomina "termos eqüitativos da cooperação", basicamente a boa-fé e o respeito mútuo. Ele ensina que "numa democracia os fundamentos da tolerância e da cooperação social sobre a base do respeito mútuo ficam ameaçados quando as distinções entre (...) os modos de vida e ideais não são reconhecidas". Dessas considerações, e de outras igualmente sábias, Rawls deriva a principal teoria da justiça da segunda metade do século XX. Mas se tentamos aplicar conceitos como os de boa-fé, respeito, cooperação e ideais às organizações vemos imediatamente que esses são termos da cidadania, não da administração. Por exemplo, é lícito presumir a boa-fé de quem negocia, mas confiar nela é uma ingenuidade. Não chegam a 5% os executivos brasileiros que fundam suas negociações unicamente na boa-fé do parceiro.[328] Fosse diferente, não haveria a necessidade de contratos.

Dos argumentos a favor da tolerância, o do credo mínimo e o da compreensão liberal não se aplicam à condescendência política no interior das organizações. Os argumentos de que ninguém pode avocar a si a razão absoluta e de que a crítica faz aflorar as idéias também não cabem. O respeito em filosofia política é uma reverência perante uma razão superior. O respeito na linguagem cotidiana das organizações medeia entre a admiração e o temor. Respeitar um concorrente ou respeitar um parceiro é admirar o que ele fez ou temer o que ele possa fazer. A cooperação, se e quando existe

---

[327] Ver Rawls, 2000.
[328] Ver Thiry-Cherques, 2003.

nas organizações, é condição, não resultado de um interesse comum dos cooperantes, seja o interesse do lucro monetário ou político, seja o interesse de evitar perdas. As organizações não têm ideais. Elas têm objetivos que servem a ideais, legítimos ou não.

Restam, no que se refere à tolerância política no interior das organizações, os argumentos do mal menor, da possibilidade de coalizão dos dissidentes, da revolta e da tolerância repressiva.

Os limites estratégicos da tolerância a partir da alegação do mal menor são dados pelos mesmos parâmetros de boa-fé, respeito, cooperação, adesão aos objetivos. A organização passa a ser intolerável politicamente quando a crença na má-fé do empregador torna a convivência um mal maior do que a retirada da organização. Os sistemas de endomarketing estão aí para evitar esse mal. Mas, cerca de 18% dos trabalhadores que declararam intenção de procurar outro emprego[329] disseram descrer do discurso dos dirigentes e desconfiar dos seus propósitos devido a experiências recorrentes ou drásticas que provaram a sua má-fé. Do outro lado, o do empregador, mais da metade dos motivos alegados para demissões referem-se à perda da confiança no empregado. A ruptura se dá quando o mal do descrédito se torna maior do que o de suportar a divergência de interesses.

A possibilidade de coalizão dos trabalhadores e de revolta coletiva (a revolta individual tem margem de tolerância zero), como no caso das greves, é um dos fatores mais freqüentemente alegados para a tolerância com faltas e discordâncias. A tentativa é sempre a de liberar o suficiente para que a produção não sofra. Com o tempo, essa estratégia termina por, intencionalmente ou não, consolidar tendências similares a da tolerância repressiva descrita por Marcuse. Dá-se liberdade suficiente para que a revolta não se justifique. Percebendo isso, o trabalhador, quando pode, se afasta. Entendendo que as organizações procedem sempre assim, se afasta completamente.

Temos então que a linha que limita a tolerância política nas relações entre empregado e empregador é dada pela renúncia a cooperar (a cooperação) devida à divergência de interesses, pela perda de confiança (a fé compartilhada), pelo descrédito do empregado ou do empregador, pela ilegitimidade do móvel da tolerância.

O limite físico e o psicológico

Enquanto a tolerância política, como a religiosa, se prende à distinção do público e do privado, a tolerância física refere-se à resistência do corpo e a psicológica, à liberdade

---

[329] Ver Thiry-Cherques, 1990.

da conduta, à capacidade de suportar e à condição de ser suportável. A escala da tolerância do ser humano tem limites desconhecidos. Borges tolerou a cegueira e a insipidez do mundo. Criou seu próprio mundo: "Não há outros. Com o verso devo lavrar meu insípido universo".[330] É famoso por ter criado mundos fantásticos,[331] onde as dores eram, sobretudo, intelectuais. No mundo real, a tolerância psicofísica tem outras facetas.

A tolerância pode ser fruto de uma administração arejada, capaz de absorver diferenças; pode representar uma fraqueza; pode ser instrumentalizada, como propõe Gramsci. Ela pode ser sutilmente utilizada para reprimir, como queria Marcuse. Mas o que, nas relações entre o empregado e as organizações, limita a tolerância no âmbito psicofísico, excluída a enfermidade física ou mental, é o espaço que o trabalhador tem para ser ele mesmo. Os limites são a asfixia da personalidade, de um lado, e o distúrbio no processo produtivo, do outro.

O rompimento do limite da tolerância psicofísica se dá quando a relação entre empregados e organizações ultrapassa o limite da racionalidade, o que nos traz à linha de argumentação de Espinosa. Espinosa[332] demonstrou *mores geometrico* que a intolerância é uma irracionalidade. O raciocínio é que não podemos ser privados da liberdade das nossas paixões, da nossa expressão e dos nossos pensamentos porque não temos como controlá-los. É uma impossibilidade física, como a de levantar uma coisa muito pesada, não uma resistência a essa ou aquela instância. Por isso, ensina ele, todo soberano que tenta governar as almas e as palavras dos seus súditos se expõe à revolta. Trata-se de uma reação da natureza humana, não uma rebelião, um motim. Porque pretender que uma pessoa venha a cercear ou obrigar a sua vontade, a sua expressão, ou o seu pensar é irracional, antes de ser ilegítimo.

Essa barreira da racionalidade determina um ponto em que o que se impõe e o que se restringe ao trabalhador não pode mais ser suportado. De outro lado, há um ponto em que se torna irracional manter o trabalhador que se rebela. Esses dois limites à tolerância ao trabalho são intimamente relacionados. Mas a compreensão do limite físico antecede a do limite psicológico.

O cálculo do limite físico ao esforço humano data da Antigüidade, das necessidades dos exércitos e do sistema escravagista. Era, por exemplo, uma das funções do que hoje chamamos de esporte, em especial dos jogos olímpicos dos gregos e das competições do circo romano, o saber quanto podemos correr, saltar, lançar. Na forma que

---

[330] "El ciego", em *La rosa profunda*. Ver Borges, 2002.
[331] Os mais conhecidos constam de *Ficciones*: Tlön, Uqbar; *orbis tertius* e a Biblioteca da Babel.
[332] Ver Espinosa, 1982 e 1999.

reconhecemos como científica, o limite físico do rendimento do trabalho começou a ser estudado na segunda metade do século XIX, quando a propensão ancestral a racionalizar o esforço humano ganhou impulso. Os fisiologistas de então estudaram a "máquina animada", determinando o lote econômico na alimentação dos escravos e a distância da marcha em função da resistência dos soldados.

A lógica dos engenheiros não era em si perversa. Era a mesma que os levou a criar o avião mediante o entendimento da mecânica do vôo dos pássaros. Como a máquina, o homem é um "conversor de energia" que carrega o seu próprio motor. Procurando extrair o máximo rendimento desse conversor, os fisiologistas fizeram realizar inúmeros estudos, que culminaram com os de Adolphe Hirn (1815-90), que definiu o trabalho como a quantidade de calorias consumidas pelo esforço humano, o que levou a se buscar o aumento da produtividade pela utilização ideal da alimentação racionada.[333] Logo em seguida, com a propagação da transferência do esforço do homem para a máquina, essa preocupação com o esforço físico perdeu ímpeto, mas não se esgotou; aliás, ainda não se esgotou. A ginástica introduzida nas fábricas e escritórios, por exemplo, tem a função de obter rendimento físico, seja diretamente seja pela redução do absenteísmo.

Na atualidade, é estatisticamente desprezível o número dos que alegam excesso de esforço ou de desconforto para o abandono do emprego. Provavelmente porque os que se vêem na circunstância do trabalho penoso são pessoas que não têm voz ou não têm alternativa, como os trabalhadores na construção civil ou nas empresas de fundo de quintal. No entanto, há uma relação causal surda, não documentada e, talvez, não documentável entre a intolerância a determinados trabalhos e as deficiências ergonômicas do ambiente, dos equipamentos e dos instrumentos. Pesquisas, como a recentemente realizada em Israel em 21 organizações,[334] que demonstrou que 34% do absenteísmo entre as empregadas em escritório que realizavam tarefas complexas eram devidos ao barulho, são indicativas desse limite. Com a espantosa ignorância, tanto das organizações quanto dos trabalhadores, sobre as necessidades e os benefícios da ergonomia, os ambientes de trabalho opressivos, confusos, tirânicos, decorrentes dos sistemas de baias, dos edifícios tipo aquário, podem ser também razão para intolerâncias sem origem expressamente declarada em pesquisas.

Embora Jules Amar (1879-1935) produzisse, já no século XX, uma teoria físico-fisiológica do trabalho, e que se fizesse a sistematização do estudo dos tempos e movimentos nos anos 1930, a racionalização via estudo do limite fisiológico perdeu ímpe-

---

[333] Ver Vatin, 1993.
[334] Ver Fried, Melamed e Ben-David, 2002.

to ao mesmo tempo em que, na América, Frederick Taylor e Henry Ford ensaiavam uma outra forma mais consistente de otimização da "máquina humana", mediante a racionalização não do trabalho isolado, mas do processo produtivo como um todo. Esse é o marco da transição que traz a ênfase do físico, próprio do século XIX, para a do psicológico, que caracteriza o século XX.

Existem quatro fatores principais de ordem psicológica que levam à ruptura:

a) a percepção do trabalhador de que a organização lhe extrai sobretrabalho;
b) os traços de personalidade que não se encaixam na vida organizacional;
c) a tensão provocada pela falta ou distorção de informações;
d) a emocionalidade nas relações entre dirigentes e empregados.

Na extração do máximo rendimento do trabalho, o primeiro princípio da administração científica de Taylor,[335] o do cálculo da parte humana no esforço de produção, é emblemático de tudo que se seguirá. O gerente que se apropria do conhecimento do trabalhador e o otimiza assinala, simultaneamente, o declínio do trabalhador de ofício e o início do apogeu do homem-engrenagem, imortalizado por Chaplin.

A gestão científica é, de fato, um passo decisivo para a nova percepção do trabalho. O princípio que reza que o trabalho cerebral deve ser concentrado na mão dos gerentes, porque custa tempo e dinheiro estudar o trabalho e somente o capital dispõe de tempo e dinheiro para isso, cria a gerência científica e supera o estudo fisiológico. Seus argumentos: de que o trabalhador tentará guardar os "segredos do ofício" para si e para seus amigos; de que o simples controle e o incentivo direto à produção não funcionam, porque o trabalhador tende a defender o emprego, seu e de seus colegas; e de que a racionalização é um atributo gerencial, uma vez que só é possível estudar o trabalho de fora do trabalho, são não apenas lógicos, como verdadeiros. Os fatos de que o monopólio do conhecimento sobre o trabalho pelo gerente provoque uma concentração de conhecimento em uns poucos e a execução cega do trabalho por muitos e de que os princípios de ajustamento das pessoas ao trabalho, via adestramento e especialização por tarefas, terminam por retirar a iniciativa do trabalhador não invalidam a constatação de que a escolha de métodos baseados em conhecimentos tradicionais, em habilidades pessoais, na inteligência e na solidariedade tem uma produtividade menor do que os métodos da produção em massa. Mas a execução mecânica de tarefas, a não-participação no destino do que se ajuda a produzir são intoleráveis para grande número de pessoas. Elas ou se retiram do emprego ou reagem — agem politicamente — com as conseqüências que examinamos acima.

---

[335] Ver Taylor, 1947.

As idéias que posteriormente foram reunidas sob a denominação de fordismo — a linha de montagem da produção em grande escala, a remuneração que possibilita o consumo em massa, o encurtamento do ciclo de trabalho e a verticalização industrial — complementam a tônica do trabalho racionalizado. O taylorismo e o fordismo, ao dividirem o trabalho em seus elementos constituintes, induziram à alienação extremada. Enquanto a divisão social do trabalho subdivide a sociedade, a divisão parcelada do trabalho subdivide o homem, com menosprezo das capacidades e necessidades. Nesse contexto, o trabalho muda inteiramente de figura. E o que se segue não altera a idéia do homem feito máquina, porque "o taylorismo domina o mundo da produção; os que praticam as 'relações humanas' e a 'psicologia industrial' são as turmas de manutenção da maquinaria humana".[336] O que se seguiu — a corrente de relações humanas, o comportamentalismo e tudo e todos que utilizaram o estudo do corpo e da mente para melhor extrair sobretrabalho — apenas instrumentaliza a idéia de levar a capacidade humana a seu extremo.

A linha de demarcação do limite da tolerância a essas formas de administrar é mais sutil do que a do taylorismo. Deriva da dupla recusa em ceder o corpo e a mente à maquinaria da produção. Pesquisas recentes[337] têm demonstrado que os que buscam a independência — por exemplo, abrir um negócio próprio — têm maior tolerância ao risco e aversão à desproporção entre esforço e remuneração quando se é empregado. Não que pretendam ficar ricos com a independência. Nem trabalhar menos. É a desproporção do sobretrabalho que não pode ser tolerada.

No que se refere à intolerância puramente psicológica, o que se verifica é que existem personalidades que não se adaptam à vida organizacional. As origens da intolerância e o intolerável psicológico são difíceis de precisar. Muitas vezes não têm uma implicação diretamente verificável na insustentabilidade do convívio entre empregados e organizações. Gibson e Gouws,[338] estudando o efeito do contexto sobre a tolerância na África do Sul, concluíram que, embora a conjuntura imediata da vida e as questões relativas às liberdades civis não deixem de ter relevância, a situação de ódio (racial, no caso) preexistente prevalece sobre a situação concreta, desvirtuando quaisquer possibilidades de racionalização e tolerância. O mesmo parece acontecer com algumas pessoas em relação às organizações. A fonte da intolerância é anterior e externa ao trabalho.

Pessoas há, por exemplo, que não suportam receber ordens ou que sofrem quando se vêem compelidas ao trabalho em equipe. Algumas a ponto de serem comple-

---

[336] Ver Braverman, 1977.

[337] Ver Douglas e Shepherd, 2002.

[338] Ver Gibson e Gouws, 2001.

tamente avessas a integrar qualquer tipo de organização, ou que as organizações expelem sistematicamente. Seibert, Kraimer e Crant,[339] em um experimento que envolveu 180 executivos durante dois anos, provaram, contra toda expectativa, que a correlação entre os que desafiavam o *status quo* e as promoções e ganhos é fortemente negativa ($t - 2,36$ e $t - 2,34$ $p > 0,05$ respectivamente). O que eles demonstraram foi que os que têm espírito livre, os que pretendem mais do que simplesmente jogar o jogo banal do dar e do receber, são incompatíveis com a vida nas organizações.

Ainda outra fonte de ruptura de ordem psicológica é a da desinformação. Adkins, Werbel e Farh,[340] pesquisando os efeitos da insegurança no trabalho durante crises financeiras, mostraram que a desinformação, a precariedade das relações trabalhistas e as ambigüidades quanto à real situação da organização têm uma tolerância limitada e são determinantes não só da queda de produtividade quanto da saída da organização. Estão intimamente relacionadas com a taxa de *turnover*, com a intenção de procurar outro emprego e também com a percepção de dificuldades de realocação. Os boatos e as informações truncadas são geradores de tensões comuns em todos os grupos humanos. Para alguns, mais sujeitos a se deixarem influenciar ou mais sensíveis, tensões desse tipo representam um sofrimento constante, com custos maiores do que os benefícios monetários e de segurança que a organização possa oferecer. Na outra vertente da intolerância, a das organizações, há pessoas que criam e dão curso a boatos e falsas informações. Sejam quais forem as razões psicológicas — mecanismos de defesa, distúrbios de personalidade —, esses trabalhadores tornam-se muitas vezes intoleráveis para as organizações.

Por último, temos como fonte da intolerância psicológica o caráter emocional de que por vezes se reveste a relação entre o empregado e o empregador. Essa é outra dimensão difícil de precisar com dados. O grande empecilho para se ajuizar quantitativamente o limite da tolerância psicológica é seu caráter privado. A tolerância pública é uma indulgência social, às vezes oficial. Em geral ligada à abstenção de alguma ação contra quem ultrapassa os limites. A tolerância privada se confunde com a compassividade para condutas e crenças dos outros.[341] O limite da tolerância é dado não pela conduta incorreta, mas por quem sente a conduta como incorreta.

A freqüente e muitas vezes mal-intencionada confusão entre o que é conduta desejável para a organização e o que é conduta legítima tem as mesmas raízes da defesa do politicamente correto no interesse particular. Por exemplo, a idéia de que é

---

[339] Ver Seibert, Kraimer e Crant, 2001.
[340] Ver Adkins, Werbel e Farh, 2001.
[341] Ver Meyer, 2002.

indelicado ou inútil se queixar de serviços mal prestados ou de produtos com especificação aquém do que seria razoável faz parte da nossa cultura. O mesmo se passa no âmbito organizacional. A lealdade é confundida com subserviência. Poucos se dão conta de que o único bom cabrito que não berra é, claro está, o cordeiro. O homem cordial, tantas vezes desmentido e explicado por seu autor, Sergio Buarque de Holanda,[342] é o que coloca o (bom) coração acima de seus interesses. Também acima dos interesses da sociedade. É o complacente. Um marido complacente entre nós é objeto de pena ou zombaria. Por que não se dá o mesmo em outras instâncias que não a do poder machista é um mistério para os antropólogos resolverem. O fato é que, em nossas organizações, a queixa, a busca do direito, é considerada falta de respeito, e a falta de respeito não pode ser tolerada sob pena de fazer ruir a tola disciplina organizacional ou a honra infantil de quem não leva desaforo para casa.

A ruptura entre a organização e o trabalhador se dá, muitas vezes, por essa confusão entre razão e sentimentos, pela emocionalidade descabida de dirigentes e de empregados. Ora, o respeito e a tolerância são instâncias diferentes. Respeita-se a lei; não se tolera a lei. Da mesma forma, podemos respeitar os outros sem tolerar suas opiniões e atos. O limite psicofísico da tolerância não é marcado pelo desrespeito ou pela agressão. Ele é marcado pela recusa ao convívio. A tolerância física e psicológica termina por se desfazer nos três limites — o do esforço, o das paixões, o do pensamento —, no limite da racionalidade apontada por Espinosa. Há um ponto que não pode ser ultrapassado seja pelo empenho requerido ou ofertado, seja pela compatibilidade das personalidades, seja pelas seqüelas do ruído na comunicação, seja pelo emocionalismo das relações, seja, enfim, por qualquer combinação desses fatores.

O limite ético

"Séculos e séculos e só no presente ocorrem os fatos; inumeráveis homens no ar, na terra e no mar, e tudo que acontece acontece a mim", escreveu Borges.[343] A escolha moral é sempre solitária. A consciência da própria consciência nada tem a ver com a conduta egocêntrica. Muito menos com o egoísmo. Quem se sabe único não sobrevive à privação de ser ele mesmo. A par da tolerância política e da tolerância psicofísica, cujos limites são elásticos, temos a tolerância ética, que é inelástica.

---

[342] Ver Holanda, 1976.
[343] "El jardín de los senderos que se bifurcan", em *Ficciones*. Ver Borges, 2002.

"Doutrinada por um exercício de séculos, a república dos homens imortais tinha logrado a perfeição da tolerância".[344] Borges, um profundo conhecedor da ética, sabia que só aos deuses é dada a tolerância moral. Porque nenhum dos argumentos a favor da tolerância se sustenta quando se trata da questão ética. Aquele que tolera a transgressão ética aceita que o outro ou ele mesmo se comporte de uma maneira que sabe errada, falsa, imprópria. Do ponto de vista moral, a tolerância é o desrespeito da sociedade, do indivíduo e da própria consciência. A tolerância com a moral não é um bem nem um dever. É a complacência com quem não cumpre o dever. Ela não é uma virtude como a justiça ou como a liberdade. A tolerância pode ser virtuosa no campo político, no campo psicológico, se e quando autorizada pela ética. Mas nunca no campo estrito da ética.

Tolerar moralmente significa autorizar a violação de princípios. Uma autorização que só se justifica no caso de ignorância, como a da criança ou do demente, ou no caso da não-intencionalidade. A tolerância ética nesses casos é uma opção de como reagir a essas ações, é uma compreensão da fraqueza humana, é uma reação branda ao desvio não-deliberado. De resto, a tolerância moral é viciosa, na medida em que é fruto de uma tentação. Toleramos porque é inconveniente, trabalhoso ou antipático reagir à transgressão. Mesmo a mais corriqueira das alegações, a de que devemos tolerar as pequenas faltas, as faltas sem conseqüência, não encontra respaldo em nenhuma corrente do pensamento ético.

Do ponto de vista das éticas teleológicas, como o utilitarismo, a questão sequer se coloca, porque o que não produz conseqüência não é, por definição, moral ou imoral. Do ponto de vista das éticas deontológicas, como o kantismo, não se pode transigir, porque o julgamento baseado na presunção das conseqüências é uma adivinhação sem sentido. Do ponto de vista do ceticismo relativista, da idéia de que como ninguém é dono da verdade não há como reagir ao comportamento que julgamos incorreto, ainda uma vez a alegação da desimportância ou o argumento da impossibilidade de julgar outra cultura não se sustentam. Mesmo o mais empedernido dos relativistas tem a obrigação do esclarecimento e da discussão. Aceitar que o outro possa estar certo não significa aceitar o erro, a mentira como verdade. Significa analisar, discutir, reagir à sua conduta, não transigir.[345]

Não existe falta moral tolerável. Ou a falta não existe, ou ela é inadmissível, ou ela deve ser entendida como um evento externo a nossa sociedade, o que equivale a excluir o faltoso do convívio, a considerá-lo não-igual, que é a mais dura das intransi-

---

[344] *El imortal*. Ver Borges, 2002.
[345] Ver Smith, 1997.

gências. A tolerância só é uma virtude na medida em que referida à aparência e ao costume do outro, à conduta não referida à moral, às convicções, às crenças.

No campo específico que nos interessa — o do limite da tolerância nas relações intra-organizacionais —, o trabalhador que transgride a ética ou a organização que atua fora dos seus limites ou bem são cúmplices ou bem são intoleráveis um para o outro. Não há terceira opção. A condescendência é uma figura da política; a indulgência, da religião; a atenuante, do direito. A ética não opera com figuras desse tipo. Opera a partir da razão que elimina o nebuloso, o duvidoso, o transitório, ou é outra coisa que não a disciplina fundada pelos gregos há 25 séculos.

A dignidade é a baliza da tolerância moral. A conduta indigna do empregado ou da organização não pode ser tolerada. É o medo, a fraqueza moral, que informa a transigência, que mantém o convívio quando a barreira moral é franqueada. O medo maior das organizações é o escândalo, a quebra da imagem. O medo maior dos empregados é ver sua dignidade ferida.[346] É maior do que a perda de salário. A força moral está na denúncia, no afastamento, na coragem de enfrentar as conseqüências. Uma coragem que nunca falhou a Borges — que dizia ser a ética o norte de tudo que fez. Quando deram de ameaçá-lo por telefone, deu o seu endereço, disse que estava só na casa e que ficaria grato se o matassem porque "nada favorece tanto um escritor como uma morte violenta".[347]

O trabalho sem o emprego

O limite de tolerância da ética é absoluto. Os limites da tolerância política e da tolerância psicofísica variam imensamente. Os argumentos válidos para um tipo não o são para outros. Os limites são individuais. Por essas razões as linhas de ruptura entre o trabalhador e o emprego são imprecisas. Uma síntese das fronteiras da tolerância seria dada pela divisa além da qual os argumentos a seu favor perdem a validade. O ponto em que o mal se torna maior, em que o credo mínimo não é mais compartilhado, em que a dissidência leva à rebelião, a irracionalidade leva à revolta, em que a compreensão não é mais possível, em que o aflorar de idéias deixa de ser operacional, em que, finalmente, a tolerância não é mais do que o agenciamento do conformismo. Um polígono formado por esses pontos delimitará as condições sociopolíticas, psico-

---

[346] Ver Thiry-Cherques, 1990.
[347] Ver Borges, 1986.

físicas e éticas para além das quais o intolerante ou o intolerado se vê constrangido ao trabalho solitário.

Para além dos limites da tolerância estão a inatividade e o trabalho individualizado. O primeiro campo inclui as pessoas constrangidas a viver à margem da sociedade e os que, por muito ricos ou muito preguiçosos, preferem não trabalhar. Os párias por opção. O segundo, o trabalhador independente, o empreendimento de uma só pessoa. É esse conjunto de trabalhadores que parece melhor se encaixar em algumas das formas de produzir que emergiram da revolução tecnológica.

O trabalho sem o emprego tem sido visto negativamente. Mas nem sempre o insulamento é um ostracismo. Ele pode ser conveniente a determinadas personalidades. Além disso, a persistirem as tendências atuais, é possível que o trabalho não-presencial venha a ser a norma, não a exceção, nos próximos anos. É provável que o emprego, a vinculação permanente a uma única organização, seja residual em pouco tempo. O que não é necessariamente ruim. O trabalho inscrito no espaço organizacional supõe inevitavelmente uma margem de tolerância. E se a tolerância é construtiva, ela não é, em si, boa. Foi Goethe[348] quem melhor exprimiu essa ambigüidade. Ele deixou escrito que a tolerância deve ser transitória, que ela deve conduzir ao respeito e nada mais, porque, em última instância, tolerar é ofender.

O insulamento do trabalho

No conto "El otro",[349] Jorge Luis Borges, já maduro, encontra a si mesmo mais jovem. Os dois Borges conversam, mas a solidão é intransponível. O mais velho tem a memória do outro, mas não é o outro. Ele está só. Para muitos trabalhadores essa sensação de estar isolado não só no espaço, mas no tempo, é uma inevitabilidade. Borges tinha essa idéia do eu multíplice, do eu cambiante. Tinha também a idéia do duplo, do sósia que caminha ao nosso lado (o *Doppelgänger* alemão).[350] Talvez tenha sido a solidão[351] profissional — uma solidão que não era nem afetiva nem intelectual, porque Borges tinha muitos amigos, foi casado duas vezes e teve, em vida, uma

---

[348] Ver Goethe, 1994.

[349] E também "Borges y yo", em *El hacedor*. Ver Borges, 2002.

[350] Ver Borges, 1986.

[351] Borges gostava de citar um poema de Luis de León que faz a apologia da solidão: *Vivir quiero conmigo,/ gozar quiero del bien que debo al cielo,/ a solas sin testigo,/ libre de amor, de celo,/ de odio, de esperanza, de recelo/*. Dizia ele que Poe, outro solitário, sabia de memória o poema. Ver Prólogo de *La cifra*, em Borges, 2002.

multidão de admiradores — que o levou aos espelhos, outra de suas fixações. Os espelhos são a ilusão do infinito, da imortalidade, a ilusão de que se não estamos sós é porque há um outro que nos acompanha e nos espreita. Alguém que trabalha enquanto vivemos.

Os artistas, como Borges, são afeitos ao trabalho solitário. Os outros trabalhadores, não. No entanto, por opção ou por necessidade, muitos vivemos hoje o ressurgimento do trabalho individualizado. Essa é uma tendência que tem dois determinantes externos. Um, estrutural, corresponde à falência do emprego como ordenador de recursos destinados à produção em escala. Outro, circunstancial, corresponde à disponibilidade tecnológica de movimentação e armazenagem de informações.

Como em outras circunstâncias, um conjunto de fatores socioeconômicos determina a seleção de novas tecnologias e de novas formas de trabalho. A Revolução Industrial determinou a escolha de sistemas cooperativos de produção, de operários especializados, da politecnia. A produção em massa dos sistemas competitivos, de operários não-especializados, da monotecnia, do trabalho coeso.[352] A explosão do consumo determinou a automação, os sistemas de produção em equipes, a interação do trabalho, a polivalência.

O trabalho solitário ganha ímpeto na medida em que alcançamos uma situação em que não podemos retornar aos métodos da produção manufatureira e em que não temos como expandir a produção em massa sem uma profunda reestruturação das dinâmicas gerenciais.[353] Os sistemas de produção e geração de serviços estruturados em equipes começam a demonstrar que não podem mais dar conta do custo da auto-regulação e do controle que requerem. As dificuldades práticas e teóricas se multiplicam. O trabalho se vê outra vez em crise. O que aprendemos e o que conquistamos quando o emprego era uma garantia de sobrevivência material vai perdendo validade.

Não são muitos os caminhos que nos restam para ganhar a subsistência. Examino a seguir as razões e as condições que distinguem a modalidade individualizada de trabalho. O campo de investigação é o das estratégias que o trabalhador encontra para sobreviver no mundo da economia digitalizada, da organização virtualizada, da produção automatizada. Centrei o estudo nas possibilidades abertas ao trabalho não-presencial pela tecnologia da comunicação. Concluí com uma avaliação das transformações induzidas pela cultura digital nas formas de produzir.

---

[352] Ver Piore e Sabel, 1984.

[353] O uso de maquinaria específica e de operários semiqualificados para produzir bens padronizados.

O custo da presença

A necessidade de gerar grandes quantidades de bens e serviços há décadas vem alterando o cálculo do valor do trabalho. A ênfase se deslocou da avaliação do esforço para a mensuração de suas conseqüências. É sobre o produto resultante do trabalho e não sobre os recursos humanos que se fixa hoje em dia o foco da economicidade. O sentido do movimento da gestão se inverteu. Passou do impelir a produção para o extrair resultados.

A reorientação das práticas de cortes de despesas cada vez mais se dirige ao trabalho, que, progressivamente, vem tendo seus custos reduzidos mediante a redução de gastos com o conforto e a segurança do trabalhador. A tecnologia de informação alcançou um ponto em que, para alguns segmentos da economia, uma parte significativa dos dispêndios com o trabalho pode ser eliminada mediante o cerceamento da presença física do trabalhador. Com a ausência do trabalhador são poupados gastos de duas ordens: os procedentes do ônus do convívio e os procedentes do comparecimento do trabalhador aos locais de geração de bens e serviços.

O ônus do convívio

Nos momentos históricos em que o trabalho integrado foi essencial às organizações, como durante a Revolução Industrial e, depois, durante o auge da produção em massa, um esforço imenso foi feito no sentido de estancar os desperdícios, as evasões de recursos, a fuga de capitais. Desse esforço derivam a administração sistemática britânica, o normativismo francês, a administração científica (o taylorismo-fordismo norte-americano) e, mais recentemente, o toyotismo e suas variantes. São teorias e práticas voltadas para a coesão funcional dos trabalhadores e a supressão das perdas inerentes ao trabalho solitário.

Já nos períodos em que as formas grupais de produção se tornaram imperiosas — o da Revolução Comercial, o dos distritos industriais e o ainda atual ciclo de produção através de equipes —, a ênfase do esforço de racionalização incidiu sobre a sinergia dos ganhos de cooperação. Derivam daí o comportamentalismo, a administração sistêmica, o contingencialismo, a administração em redes. São teorias e práticas voltadas para o estímulo da articulação, que permite obter um desempenho melhor do que o do trabalho coeso e o do trabalho solitário.

Vivemos o auge de um ciclo de domínio do trabalho em equipe. Mas o esgotamento das possibilidades de supressão de perdas e ganhos sinergéticos deixa antever a iminência de uma época de oportunidades e de pressões para a individualização do trabalho.

O trabalho em equipe — que teve seu clímax nos anos 1980 — ainda prevalece e prevalecerá por algum tempo. De um lado, porque as modalidades de trabalho compartilham a força inercial dos sistemas de produção. É antieconômica a dispensa acrítica e desordenada dos espaços, dos equipamentos e dos saberes de uma forma de produzir. De outro, porque os sistemas de produção e de geração de serviços não são homogêneos. Enquanto em alguns setores e regiões o trabalho em equipe exauriu as suas possibilidades, em outros ainda há ganhos importantes a serem obtidos pela racionalização dos grupos, pelo treinamento.

Mas, desde o final dos anos 1970 para cá, o preço do convívio vem se mostrando cada vez mais alto. Principalmente porque o trabalho em equipe depende da tolerância individual e de uma harmonia de propósitos difícil de alcançar e de manter.[354] Há pessoas que, por caráter, são naturalmente avessas às mazelas da convivência. Outras, a maioria, toleram a familiaridade como imperativo da subsistência material. As pesquisas a que me referi mostram que a maior parte dos trabalhadores depende dessa tolerância para se manter no emprego, para subsistir materialmente. De outra parte, há pessoas que são intoleráveis para as organizações. Pessoas cuja conduta desconserta a produção e transtorna os laços de integração das equipes, cuja contribuição é inferior aos prejuízos que trazem para o esforço do grupo. Dependendo das circunstâncias e do setor, o dispêndio para acomodar esses trabalhadores — que abarca desde a disciplina pura aos exercícios de dinâmica de grupo — tem-se mostrado mais oneroso do que a sua substituição.

A instabilidade dos sistemas de produção levou à ansiedade crescente com as taxas de absenteísmo. Há anos duas correntes dominam as pesquisas sobre o absenteísmo: a que busca as razões para a ausência na insatisfação com o trabalho e a que estuda as características pessoais dos ausentes.[355] O ponto central dessas pesquisas tem sido encontrar as razões do rompimento do contrato formal que dispõe sobre a presença do trabalhador e, desde que Argyris[356] cunhou o termo na década de 1960, as razões do rompimento do contrato psicológico (*psychological contract*) entre trabalhadores e empregadores. As respostas encontradas nessas pesquisas sugerem que o absenteísmo é função direta do custo psicológico do trabalho, da baixa tolerância entre empregados e empregadores.

---

[354] Miller (1975) resumiu pesquisas anteriores e realizou estudos que demonstram que a aceitação e a posição nos grupos de trabalho são função da troca de recursos — tangíveis e intangíveis, como, por exemplo, a atratividade e a influência — de que o grupo necessita.

[355] O trabalho que melhor sintetiza essas pesquisas ainda é o de Nicholson e Johns, 1985.

[356] Ver Argyris, 1960.

Intolerantes e intolerados são, por essas razões, levados ao trabalho individualizado, ao trabalho exterior aos grupos e organizações. Antes excluídos do mercado, esses trabalhadores encontram agora oportunidades oferecidas pela economicidade da desvinculação e pela tecnologia de informação. Juntam-se aos que preferem trabalhar sozinhos, àqueles para os quais a forma de produzir e o resultado do esforço produtivo são, por natureza, autônomos, como os dos ofícios urbanos, e àqueles que procuram o trabalho solitário por serem, psicológica ou intelectualmente, avessos ao convívio.[357]

O preço do comparecimento

Estudos sobre o clima organizacional[358] mostram a dificuldade de equalização da intolerância entre empregadores e empregados. A intolerância envolve fatores internos — o nível de exigência operacional, por exemplo — e fatores externos, incontroláveis, como as expectativas econômicas.

As formas de produzir ainda dependentes do trabalho em linha ou em paralelo sempre foram, e continuam sendo, extremamente prejudicadas pela falta de um dos seus elos. Por isso, fazem uso de sistemas de reserva, substituição e reposição de trabalhadores. Já as formas de produzir estruturadas em equipes, dominantes hoje em dia, encontram outras modalidades de atenuar as lacunas deixadas pelos ausentes. Seja mediante a politecnia ou a polivalência,[359] os trabalhadores em equipes são, ou deveriam ser, intercambiáveis, e mesmo as equipes podem ser permutáveis umas pelas outras. Ocorre que os custos de reserva, reposição e permuta de mão-de-obra são diretamente proporcionais aos custos dessa mesma mão-de-obra. À medida que o trabalho requer cada vez mais qualificação e que a qualificação é mais bem remunerada, esses custos ascendem. A valorização do trabalho, que é uma das faces da valorização da pessoa, implicou paradoxos como esse: elevou a importância do trabalho, mas também elevou o seu preço.

---

[357] Uma das ambições mais antigas do ser humano é a da autarquia, da auto-suficiência material e espiritual. Os anarco-individualistas do século XIX pretendiam se tornar independentes das revoluções ou das transformações da economia e da sociedade ou, ainda, da espera pela implantação de uma cidadania efetiva. Não eram — e não são — egoístas. Ao se bastarem a si mesmos, ao repudiarem o exterior, pretendem obter a única liberdade que está ao alcance do ser humano: a liberdade de espírito. Cf. Stirner, 1995.

[358] Ver, por exemplo, Markham e McKee, 1995.

[359] Respectivamente, o domínio de técnicas distintas e a capacidade do trabalhador de atuar em áreas diferentes.

As conquistas que conduziram à humanização do trabalho oneraram os custos físicos da mão-de-obra. Não só dos gastos da qualificação específica do trabalho intra-organizacional, mas também dos dispêndios com o comparecimento. Enquanto recurso físico, o ser humano necessita ser transportado, ocupa espaço e deve ser abrigado. O distanciamento entre a residência e o local de trabalho implicou um ônus derivado tanto do preço do transporte quanto do seqüestro do tempo e da energia requeridos pelo deslocamento. A urbanização e as facilidades requeridas pelas unidades produtivas, pelo comércio e pelos serviços encareceram o espaço físico, o local de trabalho. O conforto mínimo necessário à produtividade e a satisfazer as conquistas trabalhistas ao longo dos últimos dois séculos implicou uma terceira classe de despesas. A socialização desses gastos, como os sistemas de *ticket* (restaurante, transporte etc.), atenua o problema, mas não o anula.[360] Tudo isso representa custo.

A par do custo da presença, o principal ônus em muitas economias é o representado pelos encargos da vinculação permanente. O trabalho solitário em nada minora o sofrimento do "trabalho deformado sob a forma perversa do emprego",[361] mas o regime da autonomia é sempre e em todas as partes mais econômico do que o que vincula o trabalhador em caráter permanente à organização, do que o que o emprega. Ao contrário do que diz a literatura econômica dos anos 1990, o progresso técnico não se deu exclusivamente pela sofisticação do trabalho, com o conseqüente aumento da produtividade e o descarte da mão-de-obra não-qualificada e a necessidade de reter a capacidade treinada. Em muitos setores o progresso técnico simplificou o trabalho, aumentou a produtividade e descartou a mão-de-obra altamente capacitada, para adquirir a sua força de trabalho em pequena quantidade, a preços reduzidos, em face dos encargos modestos que incidem sobre essa modalidade de contratação.

O custo da presença do trabalhador — somados os ônus do convívio e o preço do comparecimento, considerados os custos trabalhistas, os de prevenção e correção do absenteísmo, e acrescidos os custos inerentes à presença física do trabalhador — tem contribuído para fazer pender o ótimo econômico para o lado das dispensas, das terceirizações, das parcerias, das contratações temporárias. Progressivamente, crescem as circunstâncias em que, para as organizações, é mais interessante comprar pronto do que fazer. Em que é mais negócio adquirir o resultado do trabalho do que patrocinar o esforço produtivo.

---

[360] A bem da verdade, geram outros problemas na organização da economia, pela circulação de moedas paralelas, e na regulação moral e jurídica, por serem indutores de corrupção e fraude.
[361] Ver Forrester, 1996.

A interação não-presencial

O trabalho solitário inclui o trabalho autônomo, o trabalho do profissional liberal, mas vai além, incorporando novas formas de trabalhar, geradas pelo desinteresse das organizações nos contratos em regime de tempo indefinido e propiciadas pelas tecnologias contemporâneas de comunicação. Embora·se regendo pelas normas legais da autonomia, o trabalhador individualizado depende das organizações. Ele é uma peça da engrenagem do produzir. Mas uma peça ausente, um gerador de produtos semi-acabados, um prestador de serviços intermediários, um recurso humano *ad hoc*. Causa ou conseqüência, o trabalho que está fora da órbita de responsabilidades da organização convém à sua economia interna. E ele se torna possível graças à economicidade dos sistemas de interação não-presencial.

O hiato cultural

A transposição para o trabalho solitário só não é mais acelerada pelas dificuldades inerentes ao ingresso na sua órbita cultural. Há um hiato entre o trabalhador auto-suficiente e o trabalhador solitário. O trabalhador solitário não só se basta a si mesmo como se basta ao produto que gera. Sua capacidade é a de produzir e entregar um componente integral. E é nesse contexto que ele precisa ser estudado e compreendido.

Infelizmente, não temos uma cultura do trabalho individualizado da qual possamos extrair seu conteúdo explicativo. Na medida em que entendemos a cultura do trabalho como um "sistema simbólico ordenado", constituindo um conjunto de orientações, normas, convenções compartilhadas,[362] o trabalho solitário contemporâneo não tem um referente a que recorrer. O trabalho coeso e o trabalho em equipe têm uma cultura própria, uma linguagem. Quando o trabalho auto-suficiente ruiu, massacrado pela produção em cadeia e, mais adiante, pela geração em série de serviços, a acumulação do saber trabalhar sozinho ficou restrita ao artesão, ao artista, a uns poucos ofícios marginais em relação ao veio central da economia. O tempo e as técnicas que nos separam do trabalho individualizado anterior ao da atualidade não permitem que ele seja reconstituído. Ele está tendo que ser reinventado.

A aquisição da cultura do trabalho difere dependendo da forma de produzir. O aprendizado não é o mesmo. Na produção em cadeia, o trabalhador adquire em horas o saber que vai utilizar durante toda a sua vida útil. No trabalho em equipe, o

---

[362] "Organização de valores, normas e símbolos". Cf. Parsons, 1977.

trabalhador deve aprender toda uma série de condutas — como interagir, como se proteger, como enganar o patrão etc. No trabalho individualizado também há muito que aprender; o trabalhador deve estudar durante toda a vida, mas não há quem lhe ensine, nem há quem o controle. Além disso, o que aprendeu ao longo dos últimos séculos para a vida intra-organizacional já não lhe é útil. Quem está só não precisa saber como tratar os novos e os antigos colegas, como fazer greve, como proteger o companheiro que se atrasa, como não produzir mais do que os outros.

A cultura, a identidade do grupo, não é transmitida da mesma forma que o parentesco biológico, que a força mecânica ou que uma doença. A transmissão cultural ainda é um grande e complexo mistério, reforçado por vieses e suposições de toda ordem. Compreender a cultura do trabalho individualizado, que por definição é dispersa e rarefeita, é tarefa árdua, que está além das nossas modestas possibilidades. Basta acentuar que essa cultura se funda e desenvolve sob a égide da economia digitalizada.

Transporte e partilha

Os planos culturais não se sucedem, senão que se superpõem. Vivemos sob a força inercial do trabalho coeso e sob a presença majoritária do trabalho em equipe. A memória do trabalho individualizado, que teve seu auge no Renascimento e que declinou até a Revolução Industrial, está muito longe de nós. Ela foi apagada pela cultura da produção em massa. Mas isso não quer dizer que esse tipo de trabalho tenha deixado de existir. Apenas durante esse tempo ele foi marginal, residual, se comparado aos demais. Agora o trabalho solitário emerge da obscuridade em conseqüência da série de eventos que levaram à sua economicidade.

O trabalho em equipe permitiu ou forçou o distanciamento do corpo. A correia transportadora da indústria e a circulação de papéis nos grandes escritórios da primeira metade do século XX ainda se dão em espaços de transmissão ao vivo. A transmissão do trabalho em equipe, se comparada à do trabalho coeso, faculta, por sinergia, diminuir o número de atores e oxigenar a faina diária. O progresso tecnológico alarga esse espaço. Até então a mensagem do produzir tinha sido transmitida quase que exclusivamente por proximidade. Por contato no trabalho em linha, pela voz entre as equipes. A tecnologia da informação permitiu que a mensagem intra-organizacional fosse transmitida e armazenada a distância. Cada vez mais a presença do corpo é dispensada. Há contato, não contágio.

Aonde a correia transportadora e os grandes escritórios transferem coisas, a informação é, ela também, transferida. Transportam-se ordens de serviço, comunicações internas, borderôs, memorandos. A lide deve ser compacta. Trabalha-se ombro a ombro para que o transporte de coisas e informações seja rápido, concentrado, eficiente. É o momento da idéia transitiva da informação, do esquema — emissor, codificador, sinal, decodificador, receptor — sistematizado nos anos 1950.[363] Quando, nos anos 1970, ocorreu a ruptura com as gerações precedentes, ela se deu pela descoberta da individualidade, pela revelação do trabalhador que não é mais um receptor passivo, que é um ator que transforma e reinventa a cultura do trabalho. Foi o momento da Revolução Informacional, que possibilitou o trabalho individualizado contemporâneo. No interior das organizações essa revolução foi dramática. A informação, que era transportada via papel, telefone etc., passou a trafegar por meio eletrônico. O transporte foi superado pela disseminação.

A noção de que é possível passar mensagens, controlar a imagem ou mesmo avaliar o seu impacto, tão cara ao mundo da publicidade, da política, dos meios de comunicação, não se aplica em absoluto às organizações da era digital. O que se verifica é a existência de um amálgama complexo de redes de comunicação interativas, que se irradiam em todas as direções, sem deixar evidente um eixo estável de orientação. A superposição dos meios de difusão, das construções sociais, das idéias, dos saberes, das crenças e das técnicas forma objetos culturais inseparáveis uns dos outros. É no contexto da digitalização desses elementos que o insulamento do trabalho se torna primeiro inevitável e, depois, economicamente conveniente.

A informação disseminada

A adequação do trabalho solitário às novas formas de produção se dá na medida em que o sonho acabou também para a engenharia de produção e para os sistemas integrados de gerenciamento. A idéia de que a informação possa ser orientada vai se mostrando inconsistente. A visão de que é possível inocular informações[364] não se comprova na prática. A implicação entre dois fenômenos sociais é uma fantasia intelectual. Os preços não são determinados unicamente pela oferta e pela procura, como queriam os economistas. O moinho a água não engendrou o feudalismo, como queria Marx. Tais relações, se e quando existem, não são unívocas, dependem de mediações variadas. A volatilidade da informação multiplica essas mediações. De forma que, também no campo específico do esforço produtivo, a aspiração da rede perfeita

---

[363] Mas datando do começo do século XX. Ver Saussure, 1997. O esquema é de Claude Shannon, 1964.
[364] O conceito da "seringa hipodérmica" é um produto da Guerra Fria. Paul Lazarsfeld (1982) demonstrou, ainda nos anos 1940, que o receptor nunca é passivo.

de interações está longe de se realizar. Três fatores anulam a possibilidade de implicação direta da transmissão de ordens, mensagens e relatórios: o hiato de conhecimentos, isto é, a diferença entre o domínio cultural do auditor e do transmissor; a sobrecarga cognitiva, que, ao exceder a capacidade de manejo do auditor, o faz divagar; e a dissonância cognitiva, isto é, a recusa do auditor em aceitar as informações que contrariam seu sistema de crenças.

Com a saturação de informação barata da atualidade, a comunicação[365] em um sistema fechado como o das organizações tornou-se antes partilhar do que transmitir e receber. É impossível isolar os pólos passivos e ativos da transmissão. A mensagem lançada, seja ela intencional ou não, percorre caminhos inesperados. É traduzida, transcrita, imputada, distorcida, violada e esquecida. Acelerada pelos meios eletrônicos, a informação torna-se auto-referente, autônoma. Os meios de comunicação internos às organizações são permeáveis. Na tentativa de controlar as informações, os departamentos de comunicação, de informática, de recursos humanos criaram sistemas de dominação dos meios, como a intranet. Reproduziram os organogramas. Engessaram o veículo. Mas a coabitação com a tecnologia atual não anulou o arcaísmo das estruturas. Só confundiu os processos. Mesmo porque os conteúdos das mensagens não são controláveis. Quanto mais formal é o meio, mais "interpretada" se torna a informação. O conteúdo da mensagem é sempre decidido pelo receptor.

A disseminação descontrolada da informação fez com que o peso do arcabouço organizacional se tornasse excessivo. As organizações se mantêm porque se recompõem em torno das tecnologias. As empresas, as agências públicas, governamentais ou não, são por natureza estruturantes. Elas absorvem as tecnologias e assimilam as técnicas. É ilusão pensar que o fenômeno pode se dar no sentido inverso. O que estamos vivenciando não é o fim das organizações, mas o surgimento de novos tipos de organizações, virtuais, abertas, informais. Organizações de vinculação rarefeita, que favoreçam o trabalho extra-organizacional, que valorizam o trabalhador solitário.

Nos anos 1930, Kurt Lewin[366] demonstrou que a organização centralizada (liderança, transmissão direta, decisão rápida) convinha às tarefas simples, enquanto a organização descentralizada (dispersão de comando, comunicação cruzada, decisão compartilhada) convinha às tarefas complexas. À medida que as tarefas simples vão desaparecendo sob o peso da automação, menos vez tem a organização centralizada. O trabalho individualizado da atualidade é fruto da exacerbação da descentralização. A gravitação da multiplicidade de tarefas concentrou o núcleo decisório organizacio-

---

[365] Comunicar, comunhão, comunidade, comum têm a mesma raiz.
[366] Ver Lewin, 1997.

nal e dispersou os segmentos operacionais. A especialização, aliada à possibilidade tecnológica, expeliu o trabalho para além das fronteiras da organização. Com isso, o trabalhador extra-organizacional economicamente desejável tornou-se, ou vem se tornando, tecnicamente viável.

O trabalhador remoto

À medida que mais e mais informações, de intensidade e valor incerto, chegam de todas as direções, o problema da produção passa a ser o da filtragem da informação útil. Embora subsista ainda a ilusão da utopia igualitária da tecnologia da informação, a idéia de que todos nós iríamos poder nos exprimir, a ilusão de que seríamos ouvidos, o que pude verificar nas pesquisas a que venho me referindo foi que também essa fantasia começa a se desfazer. Somos emissores fracos e receptores indefesos. De sorte que as mediações que protegem e orientam o trabalhador intra-organizacional não servem para o trabalhador solitário. A mensagem da produção do que fazer, de onde e a quem entregar se espraia. Como todos nós, ele está imerso no "mercado", sofre com os alarmes constantes da economia. Na produção coesa ou em equipes existiu e existe uma tradução, uma interface entre a ordem e a tarefa, entre o planejamento e a execução, entre o mundo e a vida intra-organizacional. No trabalho individualizado não há mediação entre o trabalhar e o organizar, entre o projetar e o fazer, entre a pessoa e o mundo. O trabalhador é o conteúdo e o continente, a face e a interface.

No trabalho solitário, a capacidade de interação, meritória no trabalho coeso e essencial ao trabalho em equipe, é menos valorizada do que a capacidade de simbolização, a capacidade de poder estabelecer para si mesmo representações da experiência do mundo. O trabalhador deve autoconstruir seu próprio capital cultural, deve cultivar-se. Ele deve também saber utilizar seu capital social.[367]

Capital cultural

Ao trabalho solitário corresponde um *habitus*[368] que encerra um esforço sobre si mesmo, um cultivar-se econômico e funcional. O armazenamento de informações

---

[367] Bourdieu (1980) define "capital social" como os recursos que podem ser mobilizados pela rede de amizades e de relações familiares.
[368] Conjunto de disposições corporais e intelectuais herdadas ou adquiridas que marcam um estatuto social, um pertencimento a uma classe, a um grupo, a uma cultura.

não é suficiente para elevar o preço da força de trabalho individualizada, porque o trabalhador escapou de ser só uma mercadoria para se tornar um mercador de si mesmo, algo que precisa ser diferenciado se quer encontrar um consumidor.[369]

O instrumental explicativo de que dispusemos ao longo do século XX é insuficiente para dar conta desse tipo de trabalho. Muito do que foi dito e do que ainda se diz sobre a divisão do trabalho, por exemplo, segue o pensamento de Durkheim,[370] que, em 1893, se preocupou com o fato de as transformações industriais terem reduzido o ser humano a uma máquina. Para conciliar a individualidade com a necessidade do trabalho solidário, ele propôs que se adotasse uma divisão de tarefas "espontânea", isto é, de acordo com as faculdades de cada um. Distinguiu a solidariedade mecânica, na qual a individualidade é absorvida pela personalidade coletiva, da solidariedade orgânica, na qual a personalidade individual se sobrepõe à coletiva. A solidariedade mecânica deriva da indiferenciação das pessoas. A solidariedade orgânica corresponde à individualização, à personalização. A solidariedade mecânica é imposta exteriormente. Leva o indivíduo a alcançar um objetivo que não é o seu.[371] A solidariedade orgânica é tributária da consciência coletiva, que orienta a ação individual.[372] Trabalhamos até hoje com conceitos desse tipo, mas o problema de integração econômica e social que vivenciamos é completamente diferente. Não há como encaixar o trabalho solitário em um esquema como esse. O trabalho solitário dependente de uma solidariedade que não é nem só orgânica nem só mecânica. Que se articula em planos múltiplos, com vínculos capilares, fugidios, insondáveis.

O trabalho solitário tem seus próprios matizes. Conceitos como os da alienação (a perda de uma suposta essência inerente à subjetividade) devem ser repensados. O trabalho na era do conhecimento do século XXI não é a realização das utopias do século XIX, e é muito diferente do trabalho do século passado. O trabalho solitário

---

[369] Para Marx, a idéia de atribuir um valor ao trabalho é tao absurda quanto falar de um "logaritmo amarelo". Ver *O capital*, livro III, cap. III. O trabalhador não vende o trabalho, senão que aluga a força de trabalho, cujo valor, como ocorre com toda mercadoria, corresponde ao trabalho necessário à sua produção, isto é, à subsistência do trabalhador. Há um trabalho, o necessário para reproduzir a força de trabalho, e um sobretrabalho, um excedente de trabalho, que é apropriado, sem remuneração, pelo capitalista: a mais-valia. No trabalho solitário nada disso se altera. Apenas o vínculo do trabalhador é diferente e ele tem que se colocar no mercado repetidamente.

[370] Ver Durkheim, 1998.

[371] Ver Smith, 1997.

[372] Para Durkheim, a função da divisão do trabalho é a integração social. A divisão do trabalho acentua a interdepência dos indivíduos e força a cooperação. Ele insiste na necessidade das corporações profissionais, dadas as suas funções de integração (identidade profissional) e de regulação (moral profissional), que permitem a eclosão do individualismo sadio, baseado na valorização da pessoa, sem dissolução social.

oferece uma possibilidade de superação e de realização. O trabalho coeso ou em grupos impede, por exemplo, o ideal autárquico dos gregos,[373] enquanto o trabalho solitário corresponde ao ideal homérico, um cânone segundo o qual nenhum esforço é sórdido quando significa maior independência.[374]

O capital cultural[375] do trabalhador solitário é particular. Primeiro, pela forma de adquiri-lo, depois, pela forma de transmiti-lo e, por fim, pela forma como se esgota. O ingresso na cultura do trabalho individualizado se dá segundo três condições: a disposição de se deixar instruir; o acesso à informação; e o reconhecimento. A disposição de se deixar instruir depende não só da vontade como da capacidade e das atitudes (por exemplo, o desprendimento em relação à segurança do emprego, o desapego a cargos etc.). A transmissão e o acesso à informação dependem hoje mais da procura do que da oferta. A disponibilidade é tão grande que o risco é o de se atrapalhar com cifras e detalhes contraditórios. O cultivar-se do trabalhador individualizado reside mais no domínio de linguagens, na habilidade da captura de dados (por exemplo, na internet) do que na proliferação de fontes como livros, cursos etc. O reconhecimento de públicos concorrentes e reguladores é dado sob a forma de títulos universitários, credenciamentos, acessos, senhas e códigos. Por fim, o esgotamento do capital cultural do trabalho solitário é único porque, à diferença do capital econômico, o capital cultural morre com o seu detentor. Ele não pode ser armazenado e distribuído posteriormente. Além disso, o conteúdo da transmissão cultural não pode ser pensado independentemente da forma de transmissão.

Em toda mensagem há uma imbricação férrea entre o veículo e o conteúdo.[376] O trabalhador solitário com chances de sobreviver deve ser autárquico, autodidata, particular, único. Um trabalhador que se vincule à organização o estritamente necessário ao repasse de sua contribuição. Que se conecte, mas não se una.

Vivemos a expectativa do fim do mundo do trabalho tal como o conhecemos. Ainda estamos no limiar da difusão plena do trabalho ausente. Não sabemos, não podemos saber, se essa modalidade virá a dominar, se permanecerá marginal ou se desaparecerá. Por isso os sentimentos a respeito do trabalho não-presencial são tão acirrados. Não são os acontecimentos que corroem a vida: são as expectativas dos

---

[373] Cf. Platão, no *Menexeno*, XX, 48, que trata dos elogios fúnebres.

[374] Um cânone segundo o qual não é a atividade que determina o valor do trabalho. Uma mesma atividade pode ser execrável se exercida com o fito da mera sobrevivência, ou admirável se exercida como expressão de soberania individual. Ver Arendt, 1989:93, nota.

[375] O conceito de capital cultural encontra-se em Bourdieu e Paaseron, 1964.

[376] O fenômeno é ao mesmo tempo noético e noemático, como queria Husserl. Claro, McLuhan (1989) disse que o meio é a mensagem, mas bem depois.

acontecimentos. As vésperas, dizia Borges,[377] são o que há de mais importante, tanto para os acontecimentos desagradáveis quanto para os acontecimentos agradáveis. As vésperas são terríveis.

Trabalho ausente

A apropriação do trabalho solitário ocorre sem a presença do trabalhador. Na economia digitalizada, nas organizações virtuais, o que agrega valor é a informação. Vale mais a tecnologia do que a fábrica, o imaterial do que o material, o intangível do que o tangível. Vale mais o *bit* do que o átomo.[378] Portador autônomo de informações, o trabalhador encontra nos segmentos mais avançados da economia, nas organizações inovadoras, espaço para ganhar sua subsistência. Mas o *habitus* do trabalho individualizado é assimilado lentamente. Ele não constitui uma obediência a regras, mas o uso consciente delas. Não se resolve com treinamento, mas com a interiorização de técnicas, de práticas, de saberes. É preciso ter a inclinação, o conhecimento e a oportunidade de exercê-lo. É preciso ter a conduta, a atitude, as maneiras apropriadas.[379] O insulamento do trabalho gera suas próprias regras, seus próprios *habitus*. É gradualmente que o trabalhador solitário se insinua e ganha espaço como produtor autônomo, como mediador do processo informacional, como gerente de si mesmo.

O gerente tem mais valor do que os demais trabalhadores porque desde sempre tem mais valor o que sabe fazer do que aquele que faz. O trabalho solitário daquele que sabe e que faz é duplamente econômico. Por isso, os sistemas de associação, de parceria, de terceirização, usuais na economia interna das empresas, se reproduzem, cada vez em maior escala, nas contratações de tarefas executadas por uma só pessoa. É nesse segmento, o do mercado ampliado do produtor autárquico, que se insere uma parte do trabalho solitário. E é no contexto da economia digitalizada que o trabalhador individualizado encontra mais oportunidades.

As mensagens da produção são constituídas como proposições que têm sentido para um público determinado. Na vida intra-organizacional, o trabalhador depende dessa informação e das mediações que encerra — a do planejador, a do gerente. Na medida em que há hoje uma produção incessante e coletiva de informações que não controlamos, a mensagem de sentido único, própria do trabalho em cadeia (o telé-

---

[377] Ver Borges, 1986.
[378] Ver Negroponte, 1995.
[379] Cf. Latine, 2001.

grafo), e a mensagem irradiada (a orquestra), própria do trabalho em equipe, vieram se juntar à mensagem caótica (o sintetizador) do trabalho solitário. Essas mensagens são embaralhadas por ruídos e vieses de toda ordem.[380] O som de fundo da atividade gerencial é hoje o da cacofonia, das mensagens desconexas, que precisam ser entendidas, ordenadas, processadas, interpretadas, absorvidas. À medida que a economia baseada no valor de uso foi substituída pela determinada pelo valor de troca e esta pela economia informacional, baseada no valor simbólico,[381] as formas de capacitação taylorizadas, que separam o detentor da informação de seu usuário, tornaram-se demasiado lentas para dar conta da velocidade de resposta requerida pelas codificações e decodificações. A aferição tradicional é ineficaz. O gerente encarregado de recolher, processar e ordenar a informação vem se tornando um intermediário caro e pouco útil. Vive hoje perdido entre estudar os processos e ordenar a sua execução. Por seu turno, o pessoal de linha vive dividido entre estudar os processos e executá-los. É no interstício formado pela superposição de atribuições e funções que se instala outra parte do trabalho individualizado, quer seja sob a forma do instrutor, do consultor, de quem se compra a restauração do saber produtivo ou do trabalhador avulso, de quem se compra um componente informacional, um saber de uso temporário, um bem semi-acabado.

Projeção

Foi Carlyle[382] quem notou o paradoxo de um progressista ser sempre um conservador — ele conserva, ou quer conservar, a direção do progresso —, enquanto um conservador, um reacionário, é geralmente um rebelde: ele se rebela contra a direção do progresso. Essa figura — a do conservador rebelde — é que apareceria como resultante da tensão entre discurso e vontade, se as figuras de estatística — tipo homem-médio ou consumidor-padrão — fizessem algum sentido. Como não fazem, o que observamos como recorrente não é o simples repúdio ou a impossibilidade de conviver com as organizações, mas uma tendência conservadora, resistente à evolução, rebelde contra o que sabe inevitável: a transformação evolutiva da sociedade e da economia.

O trabalhador que se rebela contra o emprego, contra a tarefa indigna ou agreste, não quer parar o tempo, a evolução, o progresso, como muitas vezes se lhe pespega. O

---

[380] Ver Winkin, 1998.
[381] Ver Bourdieu, s.d.
[382] Ver Chesterton, 1956.

que ele quer é que o tempo, a evolução, o progresso na sua marcha triunfante deixem permanecer o essencial, o confortável, o útil. Ele é um rebelde e um conservador. E o conservador quer preservar o que lhe parece bom, não o que é antigo. Ser conservador, sustentava Borges,[383] é uma forma de ceticismo e aceitação. Ele tinha predileção pela história de Jó e pelos personagens de Kafka, pelos que são submetidos a um destino que se encontra além da sua compreensão,[384] como o do trabalhador compelido à solidão.

Requisitado por sua economicidade, tornado viável pela tecnologia da comunicação, o trabalho solitário vai ganhando espaço cada vez maior na economia atual. Esse não é um processo fácil ou indolor. A espécie humana não está equipada para a vida solitária. Nunca vivemos uma época de auto-suficiência individual. Mesmo o comércio começou no Paleolítico, antes que o homem de Neanderthal estivesse extinto. Desde que articulamos a primeira divisão do trabalho (força no homem, habilidade nas mulheres), temos sido trabalhadores que realizamos trocas. Mas nunca como agora o intercâmbio foi tão decisivo para a sobrevivência. Na economia das trocas simbólicas, sobrevive quem adiciona valor, não quem se esforça para isso. Sobrevive o que tem alguma coisa para entregar. Não o que espera, mas o que alcança.

No mundo digitalizado das organizações virtuais, onde tudo significa,[385] onde a informação é o que tem valor, o trabalhador solitário não está aprisionado nas organizações, ele é um componente eventual, de contato breve. A vinculação midiática às organizações altera substancialmente o produzir. Ao anular a fronteira entre o trabalho e o não-trabalho, traz às relações sociais uma outra chave: a chave não-presencial, interativa e autodesligável. O trabalhador solitário, produtor isolado, traficante de informações, comprador, processador e transmissor de mensagens desacompanhado, está construindo toda uma rede de signos, na qual, reflexivamente, ele mesmo se insere. É dessa rede de trocas virtuais que retira sua subsistência.

Os gregos, que sabiam tudo, nunca puderam alcançar a face nem da necessidade nem do tempo. A necessidade — *ananke* — é a parceira do tempo — *cronos*. Ambos estão sentados no trono polar de onde dominam o Olimpo. Ambos são desprovidos de rosto. É a necessidade, íntima ou exterior, que nos empurra para o trabalho solitário. É o transcorrer do tempo que nos impele para ele. O limite do tempo de produção, facilmente medido há alguns anos, quando ainda todos íamos ao trabalho e nos postávamos diante do trabalho, se apaga rapidamente.

---

[383] Ver Barnatán, 1977.

[384] Ver Borges, 1986.

[385] Ver Barthes, 1993.

No conto mais famoso que produziu, *El Aleph*,[386] Borges relata como trabalhava um poema infinito, sempre apoiado nos dois "báculos que se chamam trabalho e solidão". Poeta, cego, solitário, predestinado ao convívio consigo mesmo, ele pôde ganhar a própria subsistência material. Embora duvidasse, sobreviveu a si mesmo graças a sua arte. Borges encontrou a bússola que o fez sair do labirinto que sempre o atormentou.[387] Ao trabalhador comum, preso à produção solitária, não é dada essa esperança. Seu legado será, quando muito, a recordação do que tiver produzido.

O trabalhador a distância ignora o quanto trabalha. Cativo da rédea eletrônica do celular, cumprimenta reverencialmente a máquina com o seu *id* porque somos nós que devemos nos identificar (a máquina é confiável). Ele deve aceitar modos de viver e produzir estranhos ao século que passou. Ele existe para além da automação. Os seus demônios são diferentes dos demônios intra-organizacionais. Não é a cadeia produtiva que o assusta, nem o trabalho em migalhas que o aflige. É a produção pulverizada, a corrente infinita de *bits*, a vacuidade relacional, a solidão. Ele sabe que sobrevive graças à sua ausência.

---

[386] *El Aleph*, em Borges, 2002.
[387] "La brujula" em *El otro, el mismo; La morte y la brujula*. Ver Borges, 2002.

Perspectivas

As configurações, modelos ou estratégias de sobrevivência são próprios de um tempo e de um contexto e, portanto, não há como imaginar que possam se repetir sem se renovar. São duas as fontes para o esgotamento das estratégias de sobrevivência: uma, externa, representada pelos movimentos da economia e pela inovação tecnológica, é determinante na volatilidade das formas atuais do trabalho; outra, interna e ainda mal conhecida, é dada pela dificuldade de se operar dentro de modelos caóticos de relações de trabalho.

O estágio alcançado pelo sistema da livre iniciativa e da abertura de mercados condenou ao desaparecimento o trabalho na forma que o conhecemos. A inconstância dos processos produtivos, seja a provocada pela corrida pela tecnologia competitiva, seja a provocada pelos ajustes bruscos nas formas de organizar, faz com que não só as formas de organização mas também as regras de conduta entrem rapidamente em colapso, levando de roldão os elementos — trabalhadores, inclusive — sobre os quais as estratégias de sobrevivência são erigidas. Não é necessário pesquisar muito para saber que o imprevisto passou a ser a norma no mundo do trabalho. As regras de produção convencionais não fazem mais sentido. A fixação de objetivos provisórios é o máximo de normatividade requerida ou permitida.

O trabalho está sofrendo uma dramática transformação. Uma transformação muito mais profunda do que a consabida diminuição do trabalho necessário à sustentação econômica dos processos produtivos. O que há é uma diminuição, abrupta e irreversível, da quantidade de trabalho necessária à produção. Ao que tudo indica, a relação que une o trabalhador a uma organização, no quadro de um reconhecimento público predefinido territorial e historicamente, será residual em um futuro próximo. A forma de relação contratual de trabalho de tempo completo e duração indeterminada, hoje ainda dominante, está deixando de existir.

Não por acaso o filósofo Henri Bergson,[388] para quem a vida e não o trabalho cria todos os valores, está de novo em voga. Nas modalidades em que agora se apre-

---
[388] Ver Bergson, 1954.

senta, o trabalho não é, não pode mais ser, a fonte da coesão social e da integração. A postura "que importa o trabalho, desde que propicie um emprego?", que foi seguida da postura "que importa o emprego, desde que se tenha um?", foi substituída rapidamente pela postura "que importa o que se faz, desde que se consiga subsistir?".

No século que se inicia há uma inversão do discurso: não é a sociedade que precisa do trabalho para se sustentar, mas o trabalhador que necessita do trabalho para subsistir. Ouve-se a toda hora que o capital e os governos farão tudo para "dar" trabalho a todos. Já nos anos 1950, Adorno[389] havia chamado a atenção para o fato de que, em alemão politicamente correto, o patrão é o doador do trabalho enquanto o trabalhador é o tomador (*Arbeitnehmer/Arbeitgeber*). Nessa perspectiva, não é o trabalho que cria a riqueza, mas a riqueza (dos outros) que cria o trabalho. O assalariado é um privilegiado.

Os modelos de sobrevivência que relatei se sofisticam e ganham atualidade na medida em que o trabalho pouco a pouco deixa de ser a mercadoria que sempre foi para se tornar uma mercadoria difícil de ser vendida. Na medida em que o trabalhador deve se adaptar ao *MacJob*, ao trabalho de consumo rápido, precário, flexível, intermitente, variável. As tentativas de reter ou contornar o advento de novas formas de trabalhar fazem pouco além de retardar a mutação dos processos. Não só porque não se pára a história, mas também porque o trabalho-*labor*, o sofrimento, que aí está, guarda pouca coisa a seu crédito além de ser um mal conhecido e, portanto, de ser menos aterrador do que o mal que ainda desconhecemos.

A par dos esquemas de resistência, as estratégias de sobrevivência vão evoluindo e se desenvolvendo. Subsistirão enquanto durarem as condições que as fizeram surgir. Às estratégias que relatei, cujos traços resumi no quadro da página 163, vão se acrescendo outras, ainda pouco definidas, mas adequadas às novas condições da produção.

A história e o malogro dos teóricos nos mostram como é difícil fazer previsões. Mas, a se seguir a tendência atual, é provável que no futuro venhamos a encontrar estratégias de sobrevivência fundadas na solidariedade, isto é, na atuação *in solido*. Não na atuação através de esquemas convencionais de representação, mas de profissionais articulados a partir de instâncias comuns externas à organização, como se fossem guildas modernas. Há igualmente uma forte tendência para o surgimento de estratégias incidentais, compatíveis com os novos tipos de relação de produção, em que o eixo não é mais o trabalho continuado, mas a atividade intermitente do trabalhador temporário.

---

[389] Ver Adorno, 1962.

	GOLEM	KAFKA	WEBER	MAQUIAVEL	BORGES
VIDA E SISTEMA	Não há vida fora do sistema	Não existe vida no sistema	A vida e o sistema compõem-se mas não se integram	Viver é dominar o sistema	Viver é estar ausente do sistema
O MUNDO DO SISTEMA	Dá o sentido da vida	Não faz sentido	Tem um sentido diferente do da vida	Só faz sentido como relação de poder e sujeição	Tira o sentido da vida
SOBREVIVE	Quem integra o sistema	Quem se desliga do sistema	Quem tolera o sistema	Quem domina o sistema	Quem é autônomo em relação ao sistema
TRAÇO	Mentalidade de gueto: sujeição como condição da existência	Estranhamento: separação entre o percebido e o que pareceria lógico	Sociabilidade: destreza social para sobreviver no sistema	*Métis*: a sagacidade política para dominar o sistema	Ausência: a indiferença em relação ao sistema

Outras formas de sobreviver ao trabalho serão transformações das aqui relatadas. A estratégia do golem, de adesão ao sistema, parece estar evoluindo no sentido de um modelo randômico, que tenta fazer prevalecer um mínimo de humanismo nas relações de trabalho. Entre as estratégias do tipo kafkiano e weberiano, começa a despontar um modelo com contorno pendular, que oscila entre a vida e o sistema. Entre o maquiavelismo e o trabalho não-presencial há sinais do surgimento de modelos de vinculação aleatória, com eixo na opção de venda do conhecimento (a escolha sobre a que e a quem se atrelar, "plugar"). São modelos em que o trabalhador lida não mais com o sistema, mas com vários mundos do sistema, alguns deles virtuais. Seja como for, os elementos de que disponho indicam que, no futuro próximo, sobreviver ao trabalho continuará a ser pelo menos tão difícil quanto sobreviver à falta de trabalho.

Referências bibliográficas

ADKINS, Cheryl L.; WERBEL, James D.; FARH, Jiing-Lih. A field study of job insecurity during a financial crisis. *Group & Organization Management.* Sage, v. 26, n. 4, p. 463-483, Dec. 2001.

ADORNO, Theodor. Apuntes sobre Kafka. In: *Prismas.* Barcelona: Ariel, 1962.

———. *The authoritarian personality.* New York: W. W. Norton, 1969.

AGUSTIN, san. *Obras.* Madrid: Biblioteca de Autores Cristianos, 1950. v. I: solilóquios.

ALLISON, G. T. *Essence of decision.* Boston: Little, Brown, 1971.

ANDERS, Günther. *Kafka:* pró e contra. São Paulo: Perspectiva, 1969.

ARENDT, Hannah. *A condição humana.* [1958] Rio de Janeiro: Forense, 1989.

ARGYRIS, Chris. *Understanding organizational behavior.* Homewood, Ill.: The Dorsey Press, 1960.

ARNASON, Johann P. *Rationalisation and modernity:* towards a culturalist reading of Max Weber. La Trobe University, [s.d.]

ARROW, Kenneth Joseph. *The limits of organization.* New York: W. W. Norton, 1974.

———. *Social choice and justice.* Cambridge, Mass.: The Belknap Press of Harvard University Press, 1983.

ARTHUR, Brian W. *O acaso histórico*; entrevista à Gurus Online. 2001. Disponível em: <http://gurusonline.tv/pt/conteúdos/miles6.asp>.

AUGUSTIN, saint. *On Christian doctrine.* Chicago: Enciclopaedia Britannica, 1952.

AYTO, John. *Dictionary of word origins.* New York: Little, Brown, 1993.

BARNARD, Chester I. *The functions of the executive.* [1938] Cambridge, Mass.: Harvard University Press, 1961.

BARNATÁN, Marcos R. *Conhecer Borges e sua obra.* Lisboa: Ulisseia, 1977.

BARTHES, Roland. *Œuvres complètes.* Paris: Seuil, 1993.

BARTOL, Kathryn M. Professionalism as a predictor of organizational commitment, role stress, and turnover: a multidimensional approach. *The Academy of Management Journal,* v. 22, n. 4, p. 815-821, Dec. 1979.

BERGSON, Henri. *L'Évolution créatrice*. Paris: PUF, 1954.

BERNET, Rudolf; KERN, Iso; MARBACH, Eduard. *An introduction to Husserlian phenomenology*. Northwestern University Press, 1993.

BETTELHEIM, Bruno. Libertação da mentalidade de gueto. In: *A Viena de Freud e outros ensaios*. Rio de Janeiro: Campus, 1991.

BJECZVY, István. "Tolerantia", a medieval concept. *Journal of the History of Ideas*, v. 58, n. 3, July 1995.

BLAU, Peter. *Exchange and power in social life*. New York: Wiley, 1964.

BORGES, Jorge Luis. *Todo Borges y...* Buenos Aires: Gente e Actualidad, 1976.

──────. *Borges em diálogos;* conversas de Jorge Luis Borges com Oswaldo Ferrari. Rio de Janeiro: Rocco, 1986.

──────. *Obras completas*. Buenos Aires: Emecé, 2002.

BORKENDU, Franz. *Pareto*. México: Fondo de Cultura Económica, 1941.

BOUCHET, Hubert. Que font les cadres? In: *Le monde du travail*. Paris: La Découverte, 1998.

BOURDIEU, Pierre. *A economia das trocas simbólicas*. São Paulo: Perspectiva. [s.d.]

──────. Le capital social. *Actes de la Recherche en Sciences Sociales*. Paris, n. 31, 1980.

──────; PAASERON, J. C. *Les héretiers*. Paris: Minuit, 1964.

BOUTET, Josiane. Quand le travail rationalise la langage. In: *Le monde du travail*. Paris: La Découverte, 1998.

BRACELI, Rodolfo E. *Don Borges, saque su cuchillo porque he venido a matarlo*. Buenos Aires: Galema, 1979.

BRAVERMAN, Harry. *Trabalho e capital monopolista*. [1974] Rio de Janeiro: Zahar, 1977.

BUBER, Martin. *I and thou:* a new translation with a prologue I and you and notes by Walter Kaufmann. New York: C. Scribner's, 1970.

BUDDHA. *Some sayings of Buddha according to the Pali canon*. Oxford: Oxford University Press, 1951.

BUSS, Andreas. The concept of adequate causation and Max Weber's comparative sociology of religion. *British Journal of Sociology*, v. 50, n. 2, p. 317-329, June 1999.

CARLYLE, Thomas. *Past and present*. London: J. M. Dent & Sons, 1949.

CARRITHERS, Michael. *¿Por qué los humanos tenemos culturas?* Madrid: Alianza, 1995.

CASTEL, Robert. Centralité du travail et cohésion sociale. In: *Le monde du travail*. Paris: La Découverte, 1998.

CHAMOT, Dennis. Electronic work and the white-collar employee. In: KRAUT, Robert E. *Technology and the transformation of white-collar work*. American Management Association, 1963.

CHESTERTON, Gilbert Keith. Carlyle's past and present (1925). In: *Selected modern English essays*. London: Oxford University Press, 1956.

CHRISTIANSEN, Hans. Moral hazard and international financial crises in the 1990s. *Financial Market Trends*, Mars 2001.

CLYNES, Manfred; KLINE, Nathan. Cyborgs and space. *Astronautics*, Sept. 1960.

COHEN, Michael D.; MARCH, James D. *Leadership and ambiguity*. Carnegie Foundation for the Advancement of Teaching, 1974.

COHENDET, P.; LEDOUX, M. J.; ZUSCOVITCH, E. The evolution of new materials: a new dynamic for growth. In: *Tecnology and productivity*. Paris: OECD, 1991.

COMTE, Auguste. *Cours de philosophie positive*. Paris: J. B. Balliere, 1877.

COSER, Lewis A. *Masters of sociological thought*. New York: Harcourt Brace Jovanovich, 1971.

CROZIER, Michael; FRIEDBERG, Erhard. *L'acteur et le système*. Paris: Seuil, 1977.

CULTURE ET TRADITION. *Sciences Humaines*, n. 36, Mai 2002.

CUSA, Nicolau de. *La docta ignorancia*. Buenos Aires: Aguilar, 1966.

DAMATTA, Roberto. *A casa e a rua*: espaço, cidadania, mulher e morte no Brasil. Rio de Janeiro: Guanabara Koogan, 1991.

DEJOURS, Christophe. Centralisé ou déclin du travail? In: *Le monde du travail*. Paris: La Découverte, 1998.

DENNIS, Jerz. *Le règne des robots*. 2000. Disponível em: <http://www.agora.qc.ca/reltext.nsf/Documents/Robot>.

DESCARTES, René. Traité de l'homme. In: *Œuvres philosophiques*. Paris: Garnier Frères, 1963-73.

DOUGLAS, Evan J.; SHEPHERD, Dean A. Self-employment as a career choice: attitudes, entrepreneurial intentions, and utility maximization. *Entrepreneurship Theory and Practice*, Spring 2002.

DRUCKER, Peter F. *Management tasks, responsibilities and practices*. New York: Harper, 1993.

DUBAR, Claude. Les identités professionelles. In: *Le monde du travail*. Paris: La Découverte, 1998.

DURKHEIM, Émile. La morale professionnelle. In: *Leçons de sociologie*: physique des moeurs et du droit. Paris: PUF, 1950.

―――. *Le suicide*: étude de sociologie. Paris: PUF, 1967.

―――. *De la division du travail social*. Paris: PUF, 1998.

ECO, Humberto. *Viagem à irrealidade cotidiana*. Rio de Janeiro: Nova Fronteira, 1995.

ELGER, Dietmar. *Expressionisme, une révolution artistique*. Koln: Bendedikt Taschen Verlag, 1994.

ELIOT, T. S. *Collect poems;* 1909-1935: *East Cooker.* New York: Harcourt Brace, 1936.

ENGEL, Gloria V. Professional autonomy and bureaucratic organization. *Administrative Science Quarterly,* v. 15, n. 1, p. 12-21, Mar. 1970.

ERASMO, Desidério. Lettre à Carondelet, 5 janvier 1523. In: SAADA-GENDRON, Julie. *La tolérance.* Paris: Flammarion, 1999.

ESPINOSA, Baruch. *Ética.* Madrid: Aguilar, 1982.

———. Traité théologico-politique. In: SAADA-GENDRON, Julie. *La tolérance.* Paris: Flammarion, 1999.

FORRESTER, Viviane. *L'Horreur économique.* Paris: Fayard, 1996.

FOSS, Nicolai J. *The rhetorical dimensions of bounded rationality:* Herbert A. Simon and organizational economics. IVS/CBS, 2002. (Working Papers, 7.)

FRAILE, Guillermo. *Historia de la filosofía.* Madrid: Biblioteca de Autores Cristianos, 1975.

FRANKL, Viktor. *Man's search for meaning.* New York: Touchstone, 1962.

FREIDSON, Eliot. *The professionalism:* the third logic. Chicago: Chicago University Press, 2001.

FREUD, Sigmund. *Origin and development of psychoanalysis.* 3 ed. London: Enciclopaedia Britannica, 1952.

———. *Obras completas.* Madrid: Biblioteca Nueva, 1968.

———. *Une souvenir d'enfance de Leonard da Vinci.* Paris: Gallimard, 1978.

———. *Malaise dans la culture.* Paris: PUF, 2000.

FREUND, Julian. *Sociologia de Max Weber.* Rio de Janeiro: Forense, 1970.

FRIED, Yitzhak; MELAMED, Samuel; BEN-DAVID, Haim A. The joint effects of noise, job complexity, and gender on employee sickness absence: an exploratory study across 21 organizations — the Cordis study. *Journal of Occupational and Organizational Psychology.* Leicester, June 2002.

FRIEDMAN, Milton. *Capitalism and freedom.* Chicago: The University of Chicago Press, 1962.

GALBRAITH, John Kenneth. *O novo Estado industrial.* Rio de Janeiro: Civilização Brasileira, 1968.

GALLOWAY, John. *Modern art;* the nineteenth and twentieth centuries. [s.l.]: WM. C. Brown, 1974.

GIBSON, James L.; GOUWS, Amanda. Making tolerance judgments: the effects of context, local and national. *The Journal of Politics,* v. 63, n. 4, Nov. 2001.

GOETHE, Johann Wolfgang von. *Goethe's collected works.* Princeton: Princeton University Press, 1994.

———. *Elective affinities.* London: Oxford University Press, 1999.

GOLDMANN, Lucien. A reificação. In: *Dialética e cultura*. Rio de Janeiro: Paz e Terra, 1979.

GOLLAC, Michael. Différences ou divisions? La diversité des métiers ouvriers. In: *Le monde du travail*. Paris: La Découverte, 1998.

GOMBRICH, E. H. *Arte e ilusão:* um estudo da psicologia da representação pictórica. [1959] São Paulo: Martins Fontes, 1986.

GORZ, Andre. *Métamorphoses du travail:* quête du sens. Paris: Galilée, 1988.

GOULD, Stephen Jay. *Viva o brontosauro:* reflexões sobre a história natural. São Paulo: Cia. das Letras, 1992.

GRACIÁN, Baltasar. *El arte de la prudencia:* oráculo manual. Madrid: Temas de Hoy, 1998.

GRAMSCI, Antonio. *Maquiavel, a política e o Estado moderno*. Rio de Janeiro: Civilização Brasileira, 1968.

———. Intransigeance tolérance, tolérance intransigeance. In: *Écrits politiques*. Paris: Gallimard, 1974.

HABERMAS, Jürgen. Reply. In: HONNETH, Axel; JOAS, Hans. *Communicative action, essays on Jürgen Habermas's the theory of communicative action*. MIT Press, 1991.

———. Teoria da adaptação. *Folha de S. Paulo*, 5 jan. 2003.

HAUSMANN, Ricardo. Should there be five currencies or one hundred and five? *Foreign Policy*, Autumn 1999.

HEGEL, Georg Wilhelm Friedrich. *Lecciones sobre la filosofia de la historia universal*. Madrid: Revista de Occidente, 1953.

———. *Science de la logique*. Paris: Aubier, 1969.

———. *Fenomenologia do espírito*. Petrópolis: Vozes, 1992.

HEIDEGGER, Martin. *Basic writings*. San Francisco: Harper, 1993.

HERÁCLITO. *Fragmentos*. Buenos Aires: Aguilar, 1982.

HERSCH, Jeanne. *Le droit d'être un homme*. Paris: Unesco, 1968.

HODEBOURG, Jean. L'évolution des conditions de travail. In: *Le monde du travail*. Paris: La Découverte, 1998.

HOLANDA, Sérgio Buarque de. *Raízes do Brasil*. Rio de Janeiro: José Olympio, 1976.

HUBY, Joseph. *Manuel d'histoire des religions*. Paris: Gabriel Beauchesne, 1921.

HUIZINGA, J. *Le déclin du Moyen Age*. Paris: Payot, 1967.

HUME, David. *An enquiry concerning human understanding and other essays*. New York: Washington Square Press, 1963.

HUMPHREY, N. K. The social function of intellect. In: BATESON, P.; HINDLE, R. (eds.). *Growing points in ethology*. Cambridge: Cambridge University Press, 1976.

ISAAKSON, José. *Kafka*. Buenos Aires: Plus Ultra, 1974.

JANOUCH, Gustav. *Conversations with Kafka*. London: Quartet Books, 1985.

JULIEN, François. *Traité de l'efficacité*. Paris: Grasset et Fasquelle, 1996.

KAFKA, Franz. *Préparatifs de noce à la campagne*. Paris: Gallimard, 1957.

———. *O processo*. São Paulo: Nova Época, 1963.

———. *América*. São Paulo: Exposição, 1965.

———. *The castle*. London: Penguin, 1968.

———. *Contos, fábulas e aforismos*. Rio de Janeiro: Civilização Brasileira, 1993.

KANDINSKY, Wassily. *Du spirituel dans l'art*. [1910] Paris: Denoël-Gouthier, 1969.

KANT, Emanuel. *Fundamentação da metafísica dos costumes*. São Paulo: Abril Cultural e Industrial, 1974.

KELLEY, David. *The art of reasoning*. New York: Norton, 1998.

KIERKEGAARD, Søren. *The concept of dread*. Princeton: Princeton University Press, 1957.

LACAN, Jacques. *Ecrits*. Paris: Seuil, 1966.

LANE, D.; MALERBA, F.; MAXFIELD, R.; ORSENIGO, L. Choice and action. *Journal of Evolutionary Economics*, v. 6, p. 43-76, 1996.

LARSON, Magali Sarfatti. *The rise of professionalism: a sociological analysis*. Berkeley: University of California Press, 1977.

LASCH, Christopher. *O mínimo eu*. São Paulo: Brasiliense, 1990.

LATINE, Bernard. *L'homme pluriel*. Paris: Nathan, 2001.

LAZARSFELD, Paul Felix. *The varied sociology of Paul F. Lazarsfeld:* writings collected and edited by Patricia L. Kendall. New York: Columbia University Press, 1982.

LÊNIN, Vladimir. *O que fazer?* Lisboa: Avante; Moscou, Progresso, 1979. (Obras Escolhidas.)

LEWIN, Kurt. *Resolving social conflicts:* and field theory in social science. New York: American Psychological Association (APA), 1997.

LOCKE, John. *An essay concerning human understanding*. New York: Dover, 1959.

———. *Carta a respeito da tolerância*. São Paulo: Ibrasa, 1964.

LÖWY, Michael. *Redenção e utopia:* o judaísmo libertário na Europa central; um estudo de afinidade eletiva. São Paulo: Cia. das Letras, 1989.

MACEDO, Heitor O'Dwyer de. O acaso e a realidade. *Percurso*. São Paulo, Departamento de Psicanálise do Instituto Sedes Sapientiae, n. 19, 2º sem. 1997.

MACHIAVELLI, Nicolas. *The prince*. London: Encyclopaedia Britannica, 1952.

MacINTYRE, Alasdair. *Historia de la ética*. Barcelona: Paidós, 1994.

MacRAE, Donald Gunn. *As idéias de Weber*. São Paulo: Cultrix, 1975.

THE MAHABHARATA: Aswamedha Parva. Translated by Sri Kisari Mohan Ganguli. London: Petit, 1999.

MALIANDI, Ricardo. Axiologia y fenomenologia. In: CAMPS, Victoria et al. *Concepciones de la ética*. Madrid: Trotta, 1992.

MALTHUS, Thomas Robert. *First essay on population — 1798*. New York: Augustus M. Kelly, 1965.

MARCH, James G. The business firm as a political coalition. *Journal of Politics*, v. 24, p. 662-678, 1962.

———; SIMON, Herbert A. *Organizations*. New York: Wiley & Sons, 1958.

MARCUSE, Herbert. Tolerância repressiva. In: WOLFF, Moore; MARCUSE, H. *Crítica da tolerância pura*. Rio de Janeiro: Zahar, 1970.

MARKHAM, Steven E.; McKEE, Gail H. Group absence behavior and standards: a multilevel analysis. *Academy of Management Journal*, v. 38, n. 4, p. 1174-1190, Aug. 1995.

MARX, Karl. *Œuvres philosophiques*. Paris: Alfred Costes, 1929.

———. *O capital*. São Paulo: Ciências Humanas, 1978.

———; ENGELS, Friedrich. *The German ideology*. New York: International, 1939.

McLUHAN, Marshall. *The medium is the massage*. New York: Simon & Schuster, 1989.

MERLEAU-PONTY, Maurice. Nota sobre Maquiavel. In: *Signos*. São Paulo: Martins Fontes, 1991.

MEYER, Michael. Two forms of toleration; tolerance in public and personal life. *Journal of Social Philosophy*, v. 3, n. 4, p. 548-562, Winter 2002.

MEYRINK, Gustav. *The golem, a novel*. New York: F. Ungar, 1964.

MILL, John Stuart. *Da liberdade*. São Paulo: Ibrasa, 1963.

MILLER, J. Isolation in organizations: alienation from authority, control and expressive relations. *Administrative Science Quarterly*, v. 20, June 1975.

MINTZBERG, Henry. *Power in and around organizations*. New Jersey: Prentice-Hall, 1983.

MOLES, Abraham Antoine. *A criação científica*. São Paulo: Perspectiva, 1971.

MONTENEGRO, Nestor. *Diálogos con Jorge Luis Borges*. Buenos Aires: Nemont, 1983.

MOTTA, Paulo Roberto. *Gestão contemporânea*: a ciência e a arte de ser dirigente. Rio de Janeiro: Record, 1991.

NEGROPONTE, Nicholas. *A vida digital*. São Paulo: Cia. das Letras, 1995.

NICHOLSON, Nigel; JOHNS, Gary. The absence culture and the psychological contract — who's in control of absence. *Academy of Management Review*, v. 10, n. 3, July 1985.

NIETZSCHE, F. *Ecce homo:* como alguém se torna o que é. São Paulo: M. Limonad, 1986.

OLIVÉ, Leon (Org.). *Racionalidad:* ensayos sobre la racionalidad en ética y política, ciencia y tecnología. México: Siglo XXI, 1988.

ORWELL, George. *1984.* São Paulo: Nacional, 1974.

OVID. *Metamorphoses.* London: Penguin Classics, 1955.

PARETO, Vilfredo. *Traité de sociologie générale.* Paris: Payot, 1932.

PARSONS, Talcott. *Structure and process in modern society.* New York: Free Press, 1960.

———. *Social systems and the evolution of action theory.* New York: Free Press, 1977.

PASCAL, Blaise. *Discours sur les passions de l'amour.* Paris: Bibliothèque Nationale de France, 1652/53. Texte établi sur un exemplaire (coll. particulière) de l'édition donnée à Paris en 1940 par Jacques Haumont, dans la collection des moralistes, d'après les manuscrits 19.303 et 4.015 de la Bibliothèque Nationale.

———. *Pensées.* Paris: Garnier-Flammarion, 1976.

PAULOS, John Allen. *I think, therefore I laugh.* New York: Columbia University Press, 2000.

PAWEL, Ernst. *O pesadelo da razão, uma biografia de Franz Kafka.* São Paulo: Imago, 1986.

PEIRCE, Charles Sanders. *The essential Peirce;* selected philosophical writings. Bloomington: University of Indiana Press, 1992.

PEREDA, Carlos. *Vértigos arguméntales.* Barcelona: Anthropos, 1994.

PERROUX, François. *Aliénation et société industrielle.* Paris: Gallimard, 1970.

PETERS, Tom. Quality and service. In: *Management briefings.* London: The Economist, 1990. (Special Report, 1.202.)

PFEFFER, Jeffrey. *Power in organizations.* Massachusetts: Pitman, 1981.

PIORE, Michael J.; SABEL, Charles F. *The second industrial divide.* New York: Basic Books, 1984.

PLOTINO. *Las enneadas.* Madrid: Nueva Biblioteca Filosofica, 1930.

PROUDHON, Pierre Joseph. *Oeuvres choisies.* Paris: Gallimard, 1967.

RAELIN, Joseph A. Unionization and deprofessionalization: which comes first? *Journal of Organizational Behavior,* v. 10, n. 2, p. 101-115, Apr. 1989.

RAWLS, John. *Justiça e democracia.* São Paulo: Martins Fontes, 2000.

RICŒUR, Paul. *La mémoire, l'histoire, l'oubli.* Paris: Seuil, 2000.

RIEDL, Rupert. Les conséquences de la pensée causale. In: WATZLAWICK, Paul (Dir.). *L'invention de la realité.* Paris: Seuil, 1988.

RIMBAUD, Jean Nicholas Arthur. *Oeuvres completes.* Paris: Cluny, 1945.

RITZER, George. *The McDonaldization of society.* [1983] California: Pine Forge Press, 1996.

ROUSSEAU, Jean-Jacques. *Oeuvres complètes*. Paris: Gallimard, 1964. (Bibliothèque de la Pléiade, 4.)

SARTRE, Jean-Paul. *Critique de la raison dialectique*. Paris: Gallimard, 1960.

SAUSSURE, Ferdinand de. *Saussure's second course of lectures on general linguistics (1908-1909)*: from the notebooks of Albert Riedlinger and Charles Patois. Edition and translation by George Wolf. Oxford, New York: Pergamon, 1997.

SCAFF, Lawrence A. *Fleeing the iron cage*. Berkeley: University of California Press, 1989.

SCHUMPETER, Joseph. A. *The theory of economic development*. Cambridge: Harvard University Press, 1934.

SEIBERT, Scott E.; KRAIMER, Maria L.; CRANT, J. Michael. What do proactive people do? A longitudinal model linking proactive personality and career success. *Personnel Psychology*, Winter 2001.

SHANNON, Claude Elwood. *The mathematical theory of communication*. [c. 1949] Urbana: University of Illinois Press, 1964.

SHELLEY, Mary Wollstonecraft. *Frankenstein*: complete, authoritative text with biographical, historical, and cultural contexts, critical history, and essays from five contemporary critical perspectives. [1808] Boston: Bedford, St. Martin's, 2000.

SHOPENHAUER, Arthur. *A arte de ser feliz*. São Paulo: Martins Fontes, 2001.

SIMMEL, Georg. Pont et porte (1907). In: *La tragédie de la culture et autres essais*. Paris: Rivages, 1988.

SIMON, Herbert. The proverbs of administration. *Public Administration Review*, v. 6, p. 53-67, Winter 1946.

―――. From substantive to procedural rationality. In: *Models of bounded rationality*. Boston: MIT Press, 1982.

―――. *Administration et processus de décision*. Paris: Economica, 1983.

―――. Literary criticism: a cognitive approach. *Stanford Humanities Review (SHR)*, v. 4, n. 1, 8 Apr. 1995.

―――. *Administrative behavior: a study of decision-making processes in administrative organizations*. [1954] New York: Free Press, c. 1997.

SMITH, Adam. *An inquiry into the nature and causes of the wealth of nations*. London: Penguin Books, 1997.

SMITH, Barry. Kafka et Brentano. In: *Philosophiques 26/2*. Autumn 1999. Disponível em: <http://www.erudit.org/erudit/philoso/v26n02/smith1.htm>.

SMITH, Tara. Tolerance & forgiveness: virtues or vices? *Journal of Applied Philosophy*, v. 14, n. 1, p. 32-42, 1997.

STAKE, Robert. René Magritte, constructivism and the researcher interpreter. In: *Educational Theory*, Winter 1995.

STAW, Barry M.; SANDELANDS, Lance E.; DUTTON, Jane E. Threat-rigidity effects in organizational behavior: a multilevel analysis. *Administrative Science Quartely*, v. 26, Dec. 1981.

STIRNER, Max. *The ego and its own*. Cambridge, New York: Cambridge University Press, 1995.

SUTTON, Robert I. Managing organizational death. *Human Resource Management*, v. 22, n. 4, Winter 1983.

TAYLOR, Frederick Winslow. *The principles of scientific management*. New York: Happer & Brothers, 1947.

THIRY-CHERQUES, Hermano Roberto. *Ética nas organizações brasileiras*. Rio de Janeiro: Ebap/FGV, 1990. (Documento de pesquisa.)

———. *Modelos de sobrevivência*. Tese (Doutoramento) — Coppe/UFRJ, Rio de Janeiro, 2000.

———. *Modelagem de projetos*. São Paulo: Atlas, 2002.

———. *Ética na era digital*. Rio de Janeiro: Ebape/FGV, 2003. (Documentos de pesquisa, 1-9.)

———; FIGUEIREDO, Paulo César Negreiros de. Produtec — gerenciamento da produtividade e da tecnologia em organizações atuantes no Rio de Janeiro. In: CONGRESSO DA ANPAD. *Anais...* Rio de Janeiro: Ebape/FGV, 1994.

TILGHER, Adriano. *Le travail dans les moeurs et dans les doctrines*. [1929] Paris: Felix Alcan, 1931.

TOFFLER, Alvin; TOFFLER, Heidi. Terceira onda é uma realidade irreversível. *O Estado de S. Paulo*, 9 jul. 2000.

TOYNBEE, Arnold Joseph. *Um estudo da história*. Rio de Janeiro: W. M. Jackson, 1975.

TZU, Sun. *A arte da guerra*. Rio de Janeiro: Record, 1983.

UNGARETTI, G. *Selected poems of Giuseppe Ungaretti*. Ithaca: Cornell University Press, 1975.

VALÉRY, Paul. *Cahiers*. Paris: Gallimard, 1994.

VALLE, Rogério. A evolução dos paradigmas sociológicos sobre as técnicas industriais e o conceito de cultura técnica. In: CASTRO, Antônio Barros de et al. *Estratégias empresariais na indústria brasileira*: discutindo mudanças. Rio de Janeiro: Forense Universitária, 1996.

VATIN, François. *Le travail*: économie et physique, 1780-1830. Paris: PUF, 1993.

VÁZQUEZ, Maria Esther. *Eu, Borges*: imagens, memórias, diálogos. Lisboa: Labirinto, 1986.

VERNANT, Jean-Pierre; DETIENNE, Marcel. *Les ruses de l'intelligence*; la métis des grecs. 2 ed. Paris: Flammarion, 1978.

VOLTAIRE (François Marie Arouet). *Oeuvres complètes de Voltaire avec notes, préfaces, avertissements, remarques historiques et littéraires*. Paris: Armand-Aubree, 1829-31.

———. *Dicionário filosófico*. Lisboa: Presença, 1966.

WALLACE, Jean E. Organizational and professional commitment in professional and nonprofessional organizations. *Administrative Science Quarterly*, v. 40, n. 2, p. 228-255, June 1995.

WALTON, Douglas. *Informal logic*. Cambridge: Cambridge University Press, 1989.

WEBER, Max. *The protestant ethic and the spirit of capitalism*. New York: Charles Scribner's Sons, 1930.

———. *Economía y sociedad*. México, Fondo de Cultura Económica, 1946.

———. *Le savant et le politique*. Paris: Union Générale d'Edition, 1959.

———. *História geral da economia*. São Paulo: Mestre Jou, 1968.

———. Rejeições religiosas do mundo e suas direções (1915). In: *Ensaios de sociologia*. [1946] Rio de Janeiro: Zahar, 1974a.

———. *Ensaios de sociologia*. Rio de Janeiro: Zahar, 1974b.

———. Religião e racionalidade econômica. In: COHN, Gabriel (Org.). *Weber*. São Paulo: Ática, 1982.

———. *Economia e sociedade*. Brasília: UnB, 1999.

WEIK, Karl E.; ROBERTS, Karlene H. Collective mind in organizations: heedful interreacting on fight decks. *Administrative Science Quarterly*, v. 38, n. 3, Sept. 1993.

WHITEHEAD, Alfred North. *An inquiry concerning the principles of natural knowledge*. Cambridge: Cambridge University Press, 1919.

WINKIN, Yves. *L'anthropologie de la communication*. Paris: Minuit, 1998.

WINKLER, Gershon. *The Golem of Prague*. New York: The Judaica Press, 1994.

WOLFF, Robert Paul. Além da tolerância. In: WOLFF, Moore; MARCUSE, H. *Crítica da tolerância pura*. Rio de Janeiro: Zahar, 1970.

ZARIFIAN, Philipe. *Travail et communication*. Paris: PUF, 1996.

Índice remissivo

A

absenteísmo, 137
acaso, 18, 105
Adorno, Theodor, 162
afinidade eletiva, 66
afinidades, 66
alienação, 28, 95
Amar, Jules, 137
analogia, 118
anarco-individualistas, 148
angústia, 46
Arendt, Hannah, 52, 156
Argyris, Chris, 147
ars combinatoria, 122
ars mechanica, 94
autarquia, 148
autonomia, 80
autoprodução, 84
autorictas, 91
autoridade, 91
azar, 105

B

Bacon, Francis, 110
Barnard, Chester, 100
Bergson, Henri, 112, 161
Bettelheim, Bruno, 26
Boécio, 121
Borges, Jorge Luis, 125
Buber, Martin, 55

C

capacidade intelectual, 99
capital cultural, 154
caráter emocional, 140
Carlyle, Thomas, 158
Cervantes, 110
ciclos, 113
cisão, 49
classe, 20
colonização, 23
commitment, 27
commodity, 41
Comte, Auguste, 131
comunicação, 153
condescendência, 143
condicionamento, 38

conduta, 140
conquista, 88
consciência oblíqua, 56
conservação, 89
conservador, 158
contrato psicológico, 147
convívio, 147
cooptação, 93
crises, 19
cultura, 74
cultura do trabalho, 150
custo da presença, 146
cyborg, 37

D

Demócrito, 121, 127
desabilitação, 34
desinformação, 140
deskilling, 34
disaster researches, 18
Dom João Manuel, 100
domínio social, 67
Doppelgänge, 144
doublethinking, 58
Durkheim, Émile, 82, 133, 155

E

emocionalidade, 141
emprego, 143
empresa taylorizada, 35
englobamento, 66

Erasmo, 124
escravo, 25
Espinosa, Baruch, 136
espírito afetivo, 101
espírito geométrico, 101
estranhamento, 47
estratégia, 19
ética, 142
exclusão, 128

F

ferramenta, 33
fim-racionais, 78
finesse, 101
fisiologistas, 137
força de trabalho, 155
Ford, Henry, 138
fordismo, 53, 139
fortuna, 104, 113
Frankenstein, 42
Frankl, Viktor, 38
Freud, Sigmund, 102, 112
futuro, 113

G

Geist, 28
golem, 21
Gorz, Andre, 126
Gramsci, Antonio, 131
grupo, 20
gueto, 25-6

H

habilitação, 34
habitus, 154, 157
Hegel, Georg W. F., 66
hiato cultural, 150
Hirn, 137
Hume, David, 102, 126

I

imaginário, 42
Indiferença, 56
informação, 152
instrumentalização, 31
insulamento, 83, 144
intelectualização, 53
intersubjetividade, 71
intolerância, 128
irracionalidade, 77

K

Kafka, Franz, 45
kantismo, 142

L

labor, 52
laborers, 41
Lazarsfeld, Paul Felix, 152
lealdade, 141
Lewin, Kurt, 153
liberalismo, 15
liberdades, 134
limite ético, 141
limite físico, 135
limite político, 133
linguagem, 40
Locke, John, 91, 133
logística, 111
Lúlio, 122

M

mal-estar, 64
Maquiavel, 87
maquiavelismo, 95
Marcuse, Herbert, 131
marketable, 84
Marx, Karl, 22
máximas, 96
mentalidade de gueto, 26
métis, 95
Metropolis, 35
Mill, John Stuart, 131, 133
mistificação, 116
mito, 37
modelos de sobrevivência, 20
moral hazard, 112

N

não-presencial, 150
necessidade, 159
neoliberalismo, 69
Nietzsche, Friedriche, 96

O

obediência, 90
opus, 52

P

Pareto, Vilfredo, 89
Pascal, Blaise, 101
pertencimento, 27, 93
Pinóquio, 41
poder, 87
politecnia, 145
política, 98
predestinação, 108
príncipe, 88
prisão de ferro, 30
profissional, 61
profissionalismo, 61
Proudhon, Pierre Joseph, 131
psicanálise, 17
psicológico, 135, 147

R

racionalidade, 69
racionalidade coletiva, 72
racionalidade instrumental, 21
racionalidade instrumentalizada, 102
racionalidade limitada, 72
racionalidade relativa aos fins, 70
racionalidade substantiva, 73
Rawls, John, 134
razão instrumental, 71
regras, 97
relativismo, 24
respeito, 134
revolução informacional, 152
robô, 22, 29
roda da fortuna, 113
Rousseau, Jean-Jacques, 28-9

S

sabedoria prática, 102
sagacidade, 95, 98
significados, 106
Simmel, Georg, 79
Simon, Herbert, 27, 72, 97, 103
sistema, 21
sobrevivência, 14, 20
sobrevivência social, 18
sociabilidade, 64
socialista, 131
solidão, 129
solitário, 129, 145
sorte, 105
status quo, 131
subjetividade, 72
submissão, 92
subsistência, 123

T

tabu da aniquilação, 17
Taylor, Frederick W., 36, 138
taylorismo, 54, 139
teoria da justiça, 134
tolerância, 127, 129
tolerância ética, 142
trabalhador remoto, 154
trabalho ausente, 157

trabalho em equipe, 146
trabalho individualizado, 151
trabalho solitário, 145, 155
tradição, 75

U

utensílio, 31
utilitarismo, 142

V

Valéry, Paul, 102

valor-racional, 78
virtú, 88
virtudes, 80
vocação, 68
Voltaire, 130

W

Weber, Max, 54, 61
Wolff, Robert Paul, 133
workaholic, 23

Esta obra foi impressa pela
Markgraph Gráfica e Editora Ltda. em papel off set
International Paper para a Editora FGV
em fevereiro de 2004.